懶人圖解 經濟學

一張圖秒懂世界經濟脈絡

安倍的內閣智囊團・經濟學家・教授 高橋洋一／著　邱顯惠／譯

前言

經濟很難。

因為很難，所以更懶得動腦思考、理解。

世界上似乎有很多人抱持著這種想法。

所以，為一般讀者量身打造的經濟入門書接二連三地出版，其中也有不少成為暢銷書。

但是，如果真的這樣就能理解，應該已經不需要新的入門書籍了吧。

但標榜「經濟學入門」的書到現在仍陸續出版，就說明一定有很多讀者看完之後，「總覺得好像懂了，又好像不是很懂……」或是「這是入門書？我一點也不明白！」是以這種滿頭問號的想法收場。

本書日文版的責任編輯恰好是這樣的讀者之一（說不定是「我一點也不明白！」的急先鋒）。所以我收到對方的邀請，表示這次「希望您寫一本書，是完全的門外漢能夠理解『何謂經濟？』的真正入門書。」

「每次看到所謂的『熱賣經濟入門書』，心裡就會想著『就是這次了！』而買看看，但每一本都完全看不懂！」編輯和平時一樣嘰哩呱啦地抱怨。

經濟看起來很複雜，但基本上是非常簡單的世界。

只要知道基礎，就能理解大部分的內容，但為什麼還是很多人無法理解……？收到邀請之初我覺得很奇怪，不過我將編輯到目前為止出於無奈而收集（？）的幾本書籍，作為「參考文獻」看了一下，在某方面來說已經有所領悟。

雖然是透過圖解或插圖讓書「看起來很容易理解」，但是內容上幾乎如同經濟學的教科書。

雖然強調「入門」，卻又增添初學者即使知道也沒有任何幫助的一些理論。

一言以蔽之，根本不是「為初學者量身打造」。

既然如此，那位責任編輯會中途放棄也是理所當然的。

覺得「好像很容易理解」，試著翻開書本，卻出現許多艱澀的理論，令人覺得很混亂，還沒讀完就想放棄。或許就是這樣吧。

類似責任編輯這樣的人，想必不少。

所以我決定，那些無用的知識全都不會放入本書。

更進一步地說，就是只用一張圖來解說經濟學。

・經濟學素人、新手都能確實理解經濟。

・理解之後，不再會被大眾傳媒、學者或政客牽著鼻子走，能以自己的頭腦去思考。

以上兩點就是本書的目的。

我並非一開始就以刪除法作為目的，而是為了滿足這兩個目的，去思考經濟入門書真正需要的知識是什麼？最後自然抵達的終點就是本書。

隨著閱讀進展，我認為大家也能理解為什麼我會說「經濟看起來很複雜，但基礎很簡單」，這句話的真正意思。

「咦，真的只要這樣就好了？」——一定有很多人會這樣想吧，但是真的只要這樣就好了。

不僅能搞懂經濟新聞、理解世界經濟脈絡，還能對搞錯情況也相當多的學者和名嘴，提出尖銳的吐槽。

經濟就是我們的生活，誇張一點說，理解經濟和肩負改善市場一端的思考力有所關聯。

不只是專家，每個人都能依照自己的方式，有條理地去思考，這才是最重要的事情。

確實掌握接下來要討論的「經濟基礎知識」之後，要如何看待這個市場？預測未來？

如果大家能更加切身感受到經濟這件事，將本書作為正確解讀的「思考練習本」去活用本書，我會深感榮幸。

高橋洋一

目錄

第1章 「商品價格」是如何決定的？

——【個體經濟學】牢牢記住需求供給曲線吧！

第2章　立刻搞懂！探討「金錢政策」

——【總體經濟學】擴展你的觀點！

第3章 充分理解不並難！探討「中央銀行和經濟」的關聯性

——貨幣政策是一場「利率」和「貨幣量」的蹺蹺板遊戲

第4章 知道這些超有用！探討「政府和經濟」的關聯性

——財政政策就是政府如何「徵收」、「借用」、「分配」金錢

結語——透過「自己的頭腦」去思考！

序章

經濟學九成「只要一張圖」就能搞懂！

理解經濟學，不需要困難的理論

經濟學九成只要一張圖就能搞懂。

如果這樣說，或許會令人覺得很吃驚，但這是千真萬確的一句話。老實說，可能有點誇張，但所謂的「九成」，可以解釋成是「大多數情況」，就不是謊話。

可能許多人曾經抱著「希望搞懂經濟學」的想法，拿起經濟學入門書，結果卻彷彿在看天書，覺得挫折無比吧。

充斥於市面的經濟學書籍，有各種看起來艱澀的理論。

強調「入門」，卻突然出現專門用語，除了英文縮寫的內容之外，還有許多宛如是要逼人陷入絕境的計算公式。

雖然寫著「容易理解」等字眼，讀了卻「完全不懂」——大概就是這種情況吧。說不定只讀了僅僅數頁，就覺得「經濟學果然很難」而自暴自棄，便在中途放棄、闔上書本。

但是，我希望大家放下心來，**本書不會出現任何一個困難的經濟學理論。「只要一張圖」，就能說明經濟學。**

其實，**要理解一般社會上必須事先知道的經濟學內容，完全不需要困難的理論。只要知道一張圖就足夠了。**

下面這張圖正是**「需求供給圖」**，大概每個人都曾經看過一次的那張**「曲線交叉圖」**（圖1）。

一言以蔽之，**所謂的「經濟學」**，其實只是**「需求和供給之間的問題」**。

說到「理解經濟學」，大概有許多人連要從哪裡著手才好，都完全沒概念吧。

但是，**要理解與我們生活相關的經濟學所需要的事物，歸根究柢就只是「物價變動」和「經濟政策」，而這些透過一張「需求供給圖」就能說明。**

如果想成為經濟學者，就必須大略理解涉及大範圍的經濟學。

然而，**就個人而言，培養對社會上各種現況的「思考力」這部分才是最重要的**，從這個角度來說，要說**經濟學書籍的理論大半內容是「無用的」**，是一點也不為過的說法。

不如說，**談論經濟學，若需要用到各種理論，就是本質上沒有理解的證據**。因為**只要搞懂本質**，反而能夠**簡單地進行說明**。

如果工具箱裡放著一個萬能工具，就不需要裝滿各種按照用途區分的工具吧。

在經濟學領域，「需求供給圖」正是那個萬能工具。

圖1　一般常見的需求供給曲線

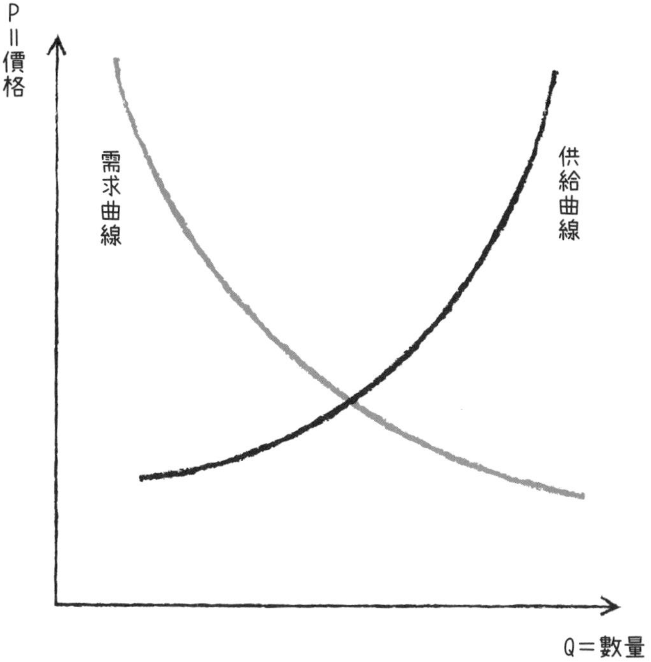

對於學問的發展，可以說的確需要有「為了理論而出現的理論」，但即又是另當別論的情況了。

複雜的理論不容易應用。

而且因為很抽象，又設立了非現實的前提，所以經常無法說明現實社會中正在發生的事情。

但另一方面，**極為簡單的理論，因為很簡單，所以能夠應用**。因此透過簡單的理論，就能說明在現實社會發生的各種事情。

學習很多困難的理論，只是浪費時間。

在我看來，特地花時間去學習無法發揮用途的東西，是「具有好奇心的人」做的事，當然我並不是要否定這種人，**但若有更具效率的學習途徑呢？專精深入理解獨一無二的「需求供給圖」就是那個有效率的途徑。**

只要事先記住那張曲線交叉圖，就能搞懂在世界上發生的各種經濟的大半情況。

在學校所學的「需求供給圖」，為什麼會變成這種形狀？

那麼，就立刻來說明基礎的「需求供給圖」。

那兩條交叉的曲線，到底表示什麼？

需求曲線和供給曲線，會在某一點交叉。根據交叉的位置，價格會有所變動。

確實就是如此。

但是，究竟為什麼需求供給曲線會變成這種形狀？

聽到這個問題，也許很多人都不知道該如何回答吧。

首先就先從這裡開始說明。

幾乎所有商品都有「市場」。

所謂的「市場」，就像是**買賣商品的「舞台」**一樣。可以想成是**消費者（需求者）和供給者抱持著「要以多少錢交易買賣？」的意識，聚集在一起的場所。**

那麼，請大家想像一下，假設有一百個消費者，在思考某個商品「要用多少錢購買？」的問題。

有幾個人「要用100元購買」、有幾個人「要用200元購買」，另外有幾個人「要用300元購買」……就像這樣，每個人有各自的期望價格。

將這些價格由高到低排列，就如【圖2】所示。

另一方面，這個商品有一百個供給者。

他們按照自己的想法思考「要用多少錢出售？」的問題。

有些人「要用1000元出售」，也有一些人「要用900元出售」，另外還有幾個人「要用800元出售」……就像這樣，供給者也有各自的期望價格。

圖2 消費者的圖

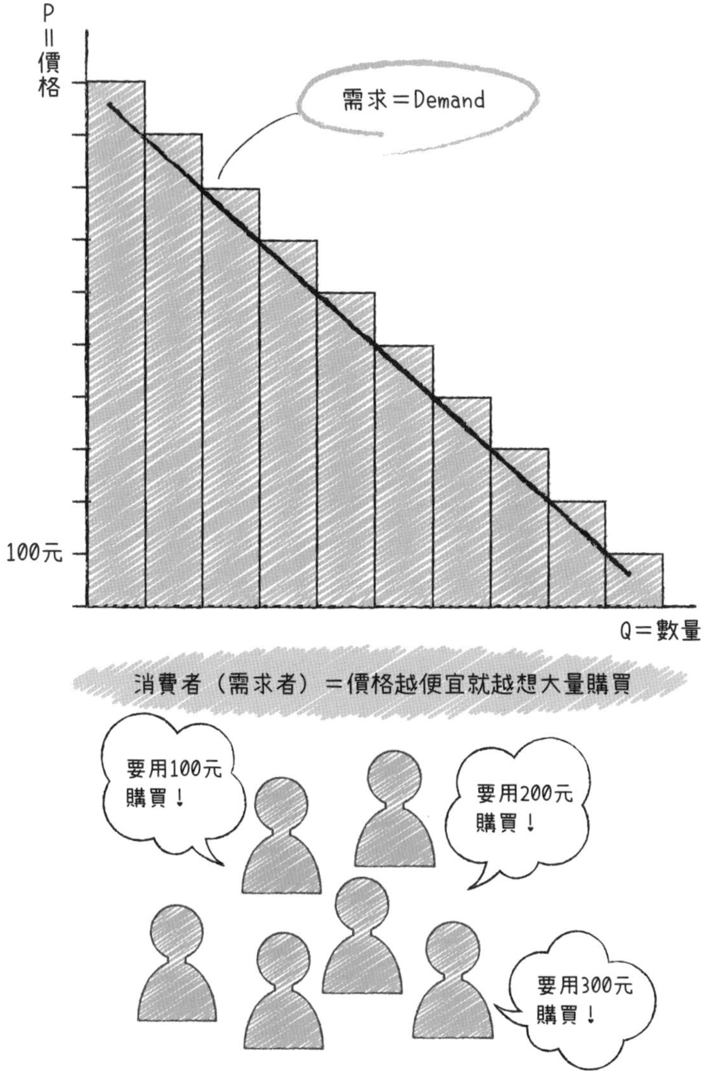
P
=
價格
需求＝Demand
100元
Q＝數量
消費者（需求者）＝價格越便宜就越想大量購買
要用100元
購買！
要用200元
購買！
要用300元
購買！

將這些價格由低到高排列，就如【圖3】所示。

上述的【圖2】和【圖3】這兩張圖當中，前者是關於消費者的圖，所以表示**「需求＝Demand」**。

另一方面，後者是關於供給者的圖，所以表示**「供給＝Supply」**。

將這兩張圖重疊形成的【圖4】，就是「需求供給圖」。

話說回來，為什麼【圖2】的需求曲線是往右下方，【圖3】的供給曲線是往右上方？（雖然一般稱為「曲線」，但是在本書是以容易理解的直線來表示）

這是**因為消費者「想以更便宜的價格購買」**，而供給者**「想以更貴的價格出售」。不論是誰，出售時都想以更貴的價格出售，購買時都想以更便宜的價格購買**。只要試著套用在自己身上，馬上就會出現這種想法吧。

換句話說，【圖4】的Q（數量），就是表示銷售個數。

對買方來說，價格越低「購買個數」就增加越多，對賣方來說，價格越貴「出售個數」就增加越多。

圖3　供給者的圖

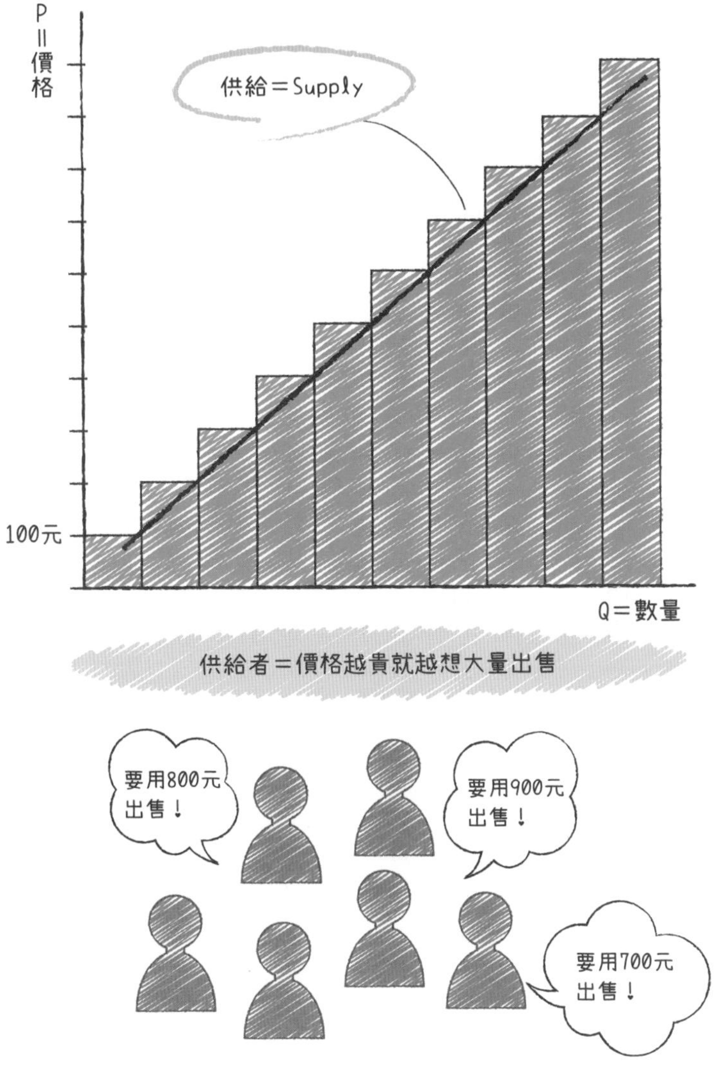
P
=
價格
供給＝Supply
100元
Q＝數量
供給者＝價格越貴就越想大量出售
要用800元
出售！
要用900元
出售！
要用700元
出售！

換句話說，**相對於需求曲線，所呈現的就是「購買數量的多寡＝需求量」，而相對於供給曲線，則是「出售數量的多寡＝供給量」**。

所以，**需求曲線是往右下方，供給曲線是往右上方，「需求供給圖」**（圖４）**會變成那個「交叉」圖形**。

那麼，當消費者「想購買的價格」和供給者「想出售的價格」的圖形重疊，就會出現雙方的對比。

以【圖４】來說，左邊的淺灰色區域就是能夠成交的情況。而首先成交的，是「想用９００元購買的人」和「想用１００元出售的人」（在此排除０元的狀況），即最左邊的消費者和供給者的組合。

接著就是「想用８００元購買的人」和「想用２００元出售的人」、「想用７００元購買的人」和「想用３００元出售的人」……這些情況，漸漸地彼此的差額會越來越小。

圖4　需求供給圖就是這樣形成的！

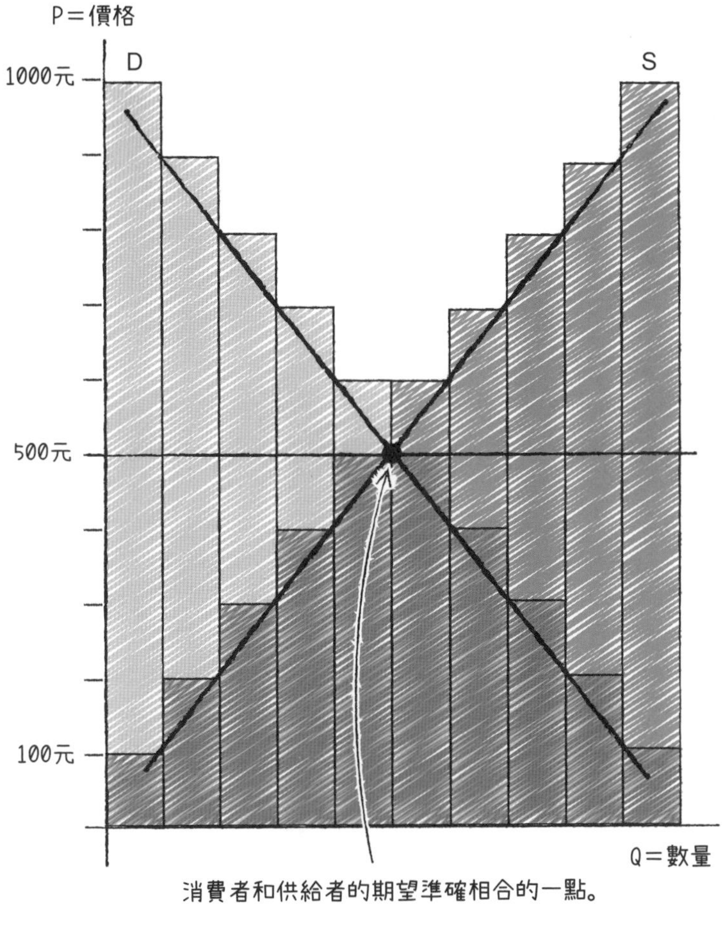

需求曲線會往右下方，供給曲線會往右上方，形成「交叉」圖形。

然後，消費者和供給者的期望，終於來到恰好相合的一點。

以【圖４】來說，就是「想用５００元購買的人」和「想用５００元出售的人」所在的位置。

在這之後，就是「想以更便宜的價格購買的人」和「想以更貴的價格出售的人」，所以交易無法成交。

所謂的「市場」，就是將商品價格決定在一個數值的場所，因為實際上像「要用９００元購買的人」和「要用１００元出售的人」、「要用１００元購買的人」和「要用２００元出售的人」這種不同價格的交易，是不會成交的。

所以，**最後結果會落在更多的消費者和供給者能夠同意的價格。**

而這個價格就是需求和供給交叉的點。

「商品的價格」就是這樣定下來的。

在此是以一百個消費者和一百個供給者為例來說明，在現實社會中，相同的相同情況可以想成是以幾萬人、幾十萬人的規模出現。

圖5 消費者剩餘和供給者剩餘

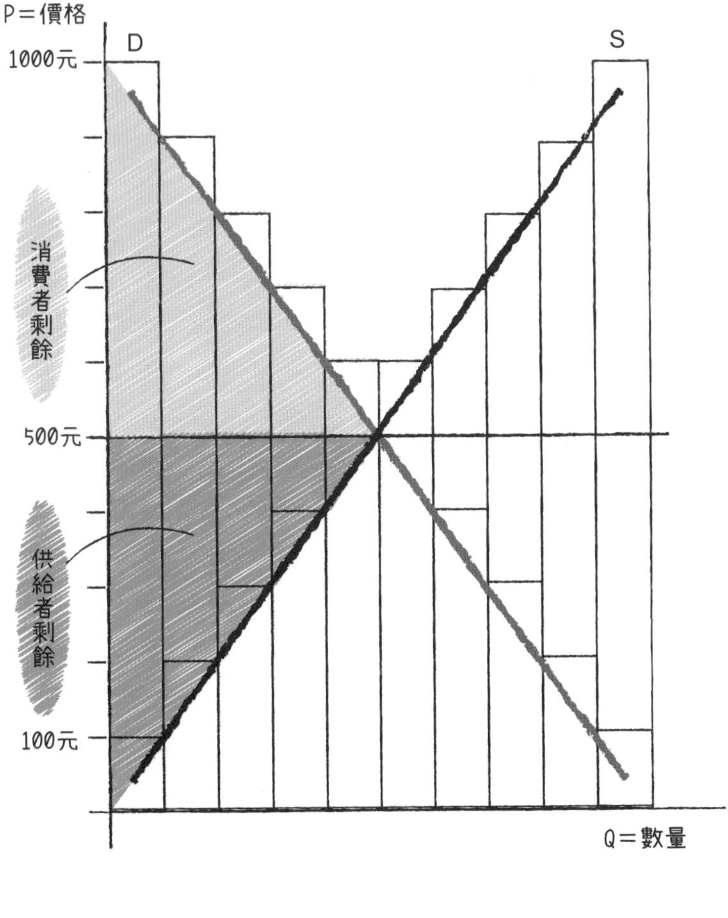

順帶一提，這個商品的價格一旦決定為500元，原本打算「用1000元購買」的消費者，就能以便宜500元的價格購買，而原本打算「用800元購買」的消費者，則能以便宜300元的價格購買。

像這樣**消費者有「賺頭」的部分**，就稱為**「消費者剩餘」**。

相反地，原本打算「用100元出售」的供給者，就能以貴400元的價格出售，而原本打算「用300元出售」的供給者，則能以貴200元的價格出售。

大家應該已經明白了吧。

這種**供給者有「賺頭」的部分**，就稱為**「供給者剩餘」**（圖5）。

為了以「少量手段」去「說明眾多事物」

總之，**為了說明某些事情，要使用多少手段？**

在本書中，我想要問的就是這一點。

這不只是經濟學的問題，可以說無論什麼事物都是一樣的，**但即使學了很多手段，若沒有好好運用，就沒有意義。**

即使從大學經濟系畢業，到底能否運用自如，也很令人懷疑。「雖然都有學過，但是……」這種欲言又止的情況應該很多吧。

主修經濟學的人都不一定靠的住，何況是經濟學門外漢呢。

若在工作上，必須向門外漢解釋經濟學，該怎麼辦？總不可能開個學習會吧。

曾經任職於大藏省*的我，非常清楚這一點。

向政治家進行演說，是財務官的工作之一。

的確，我一直在許多政治家面前進行各種演說，內容包含現在的經濟狀況到預測未來、政策建議。

政治家有承擔經濟政策的立場，但並非經濟專家。所以，他們沒有學習如何理解經濟的各種手段。

一旦跟這樣的他們說：「這是這個理論」、「這是那個理論」，無論有多少時間也不夠用。不僅如此，對方只會想到「所以結果是什麼？」，最後下場就是令人覺得很混亂。

而且他們總是非常忙碌。如果沒有一針見血擊中要害的說明能力，就會在什麼也傳達不了的狀態下來到結束時間。

結果，只會在對方心裡留下「完全不懂那個財政官在說什麼」的烙印。

因為也有這種情況出現，我在說明時一直盡可能使經濟變簡單，好讓對方理解本質。花少量時間和用語來解決，我也比較輕鬆。

也就是說，**「以少量手段去說明眾多事物」**，是我面對政治家時，一直在實踐的事情。

所以，在此我也不打算將龐大的經濟理論隨便簡化。**而是在理解一切內容後，只告訴大家真正需要的知識。**

前文先說明了基本的「需求供給曲線」，接下來，將會列舉個體經濟和總體經濟的具體實例，同時向大家呈現觀察經濟的方法。

相較於學習各種內容，卻都以半途而廢作結，**確實理解一個理論，從那個理論觀察許多事例，更能有效鍛鍊思考力。**

不是要知道大量理論，只要練習更加廣泛地應用一個理論就好了。

＊日本財務部，為日本最高財政機關。

本書無法處理世界上所有現象。

但是，在接觸本書所處理的具體實例的過程中，應該能確實掌握看透經濟動向的關鍵。

第 1 章

「商品價格」是如何決定的？

——【個體經濟學】請牢牢記住需求供給曲線吧！

「又漲價了，真討厭」，只會這麼想就看不見市場

透過先前的說明，我想大家已經理解「**需求供給圖**」就是「**消費者和供給者的交易價格產生平衡點**」這件事。

那麼，為什麼商品價格會變動？意外地有許多人都不瞭解「價格變動」的原因，在此便來好好說明。

商品價格會變動，有「需求變化」和「供給變化」這兩個主要因素。

首先，「需求產生變化」是指「想要購買」某個特定商品的人增加或是減少。

如果「想要購買」的人增加，需求曲線就會往右移動。

從【圖6】應該可以看出來，當需求曲線往右移動時，和供給曲線交叉的點就

圖6　「想要購買的人」增加時

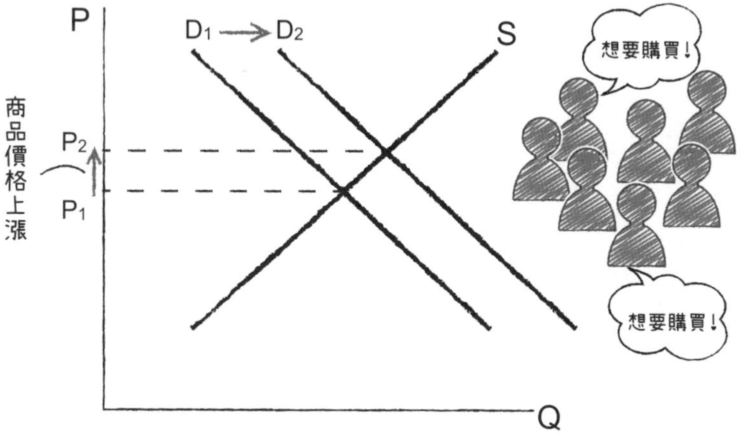

圖7　「想要購買的人」減少時

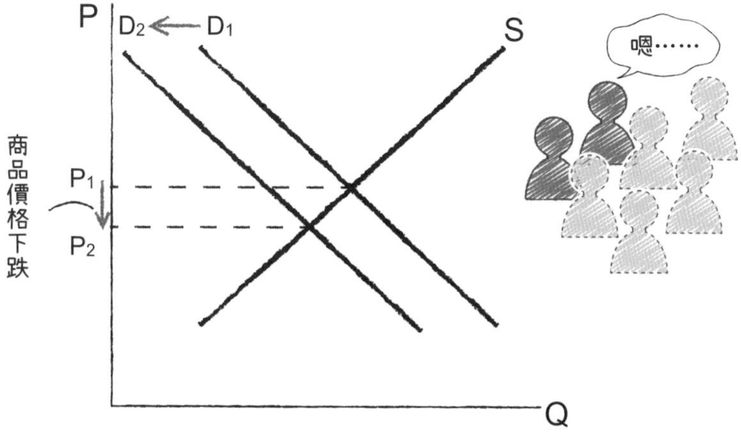

會往上方移動。

這代表什麼意思？簡單來說，就是**相對於「同樣數量的商品」，「想要購買的人增加了」**。所以**這個商品的價格會上漲**。

那麼相反地，如果**「想要購買」這個商品的人減少了，會變成怎樣？**

如【圖7】那樣，需求曲線會往左移動，和供給曲線交叉的點則會往下方移動，**這個商品的價格會下跌**。

另一方面，**「供給產生變化」是指供給者製造的「商品數量」是增加還是減少**。

如果生產量增加，就如【圖8】那樣，供給曲線會往右移動，和需求曲線交叉的點則會往下方移動。也就是說，這是**相對於「同樣數量的消費者」，「商品數量」增加，價格下跌的情況**。

相反地，**如果商品生產量減少**，就會如【圖9】那樣，供給曲線會往左移動，和需求曲線交叉的點則會往上方移動，**價格會上漲**。

圖8 「商品數量」增加時

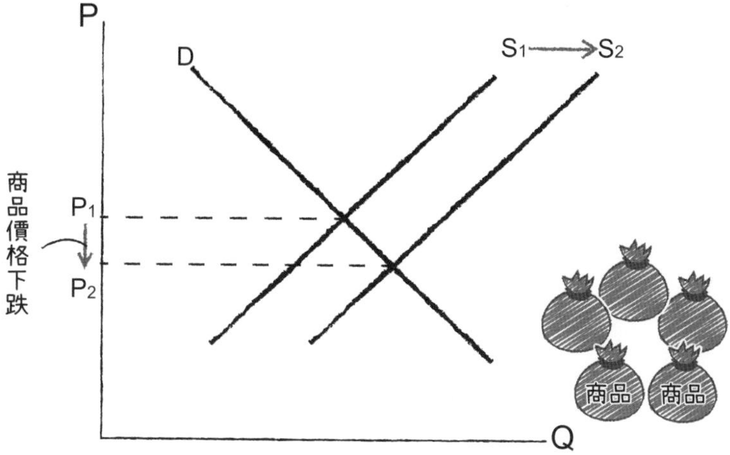

圖9 「商品數量」減少時

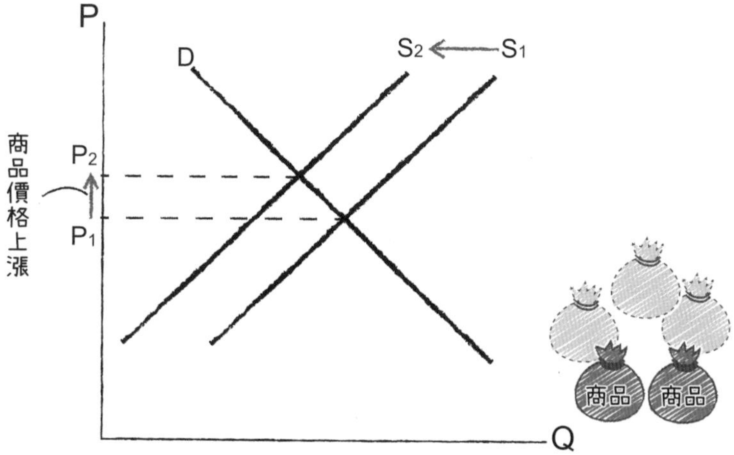

也就是說，像這樣只看結果，即使是「某個商品的價格從100元上漲到101元」的情況，造成的原因可能是**需求產生變化，或是供給產生變化這兩種可能性。**

但實際上，並沒有「消費者完全沒有變化，只供給者產生變化」這種極端狀況，而是需求曲線和供給曲線雙方都有變動。

可以看到的現象，是如【圖10】所示，「以P_1的價格能賣出Q_1的數量」、「以P_2的價格能賣出Q_2的數量」這兩個事實。

思考供需曲線的變化，就是在思考【圖10】的a和b這兩點是如何出現的？也就是說，**如何去思考「價格和數量交叉點的變化」**。

消費者這邊發生什麼情況？供給者那邊的情況又是怎樣？去想像「產生變化的背景」。

那麼就試著根據【圖10】，去思考需求和供給會產生怎樣的變化吧（圖11）。

圖10　價格和數量交叉點的變化

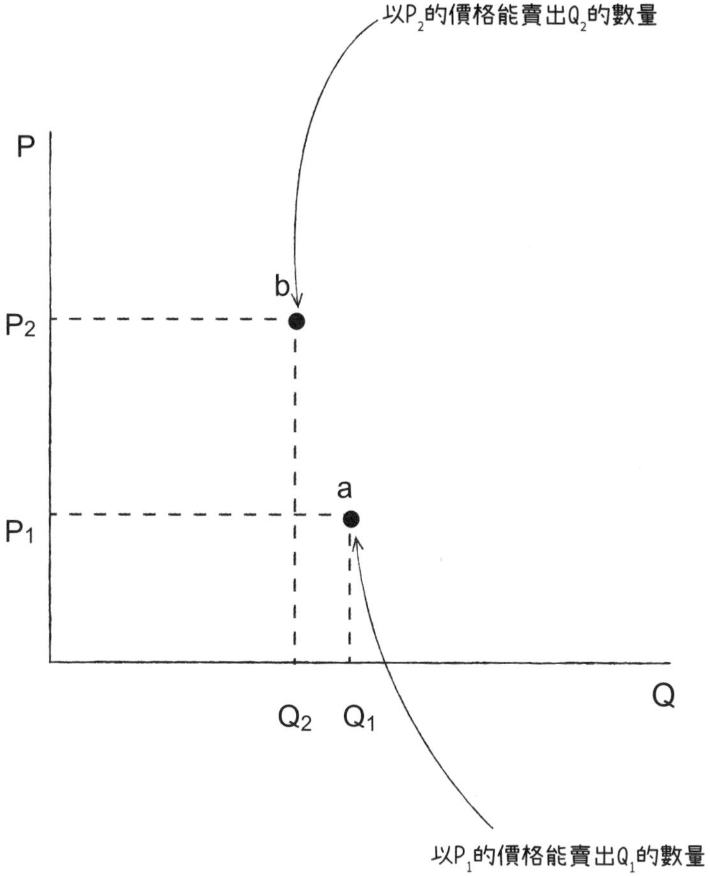

一般認為需求曲線D_1往右移動到D_2，供給曲線S_1往左移動到S_2後，**「以P_1的價格能賣出Q_1的數量」就會變成「以P_2的價格能賣出Q_2的數量」**。

這樣**也能解釋P_1到P_2的變化瞬間變大的情況會更甚於Q_1到Q_2的變化**。

一言以蔽之，就是**一方面需求增加，另一方面供給減少，換言之「價格提高」便是兩種結構雙重發揮的結果**。

總之，**價格變動時，「需求產生變化」、「供給產生變化」這兩種結構會發揮作用**，這種觀念最好還是要事先知道。

請大家思考一下，某個商品漲價這種現象，是在怎樣的背景下產生的？

舉例來說，如果這個商品人氣高漲，就能想到「這樣需求曲線會往右移動」。要是大受歡迎，應該也能預測「價格可能會越漲越高」。

圖11　價格變動的2種結構

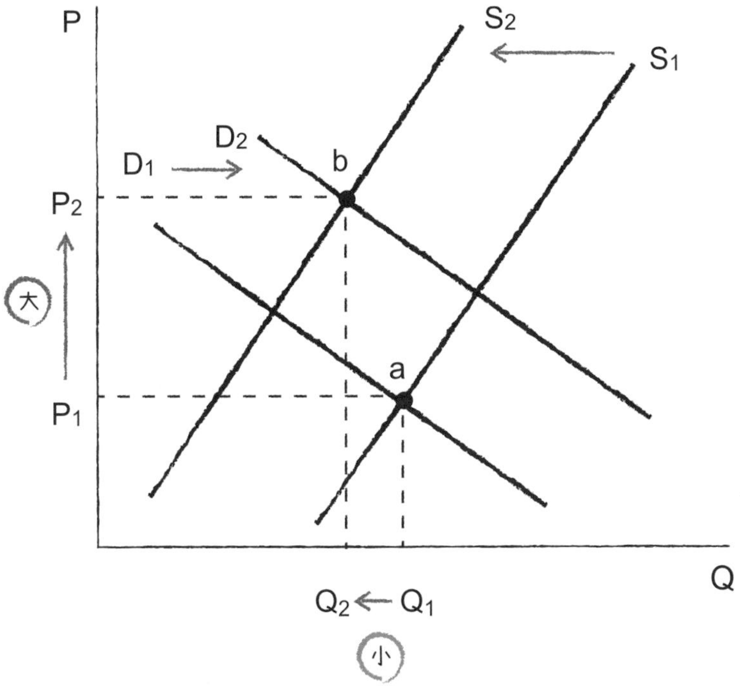

一方面需求增加，另一方面供給減少，
換言之「價格提高」便是兩種結構雙重發揮的結果。

然而，如果商品人氣高漲，價格卻維持在一定程度，此時需求曲線雖然往右移動，另一方面，製作這個商品的供給者會大幅增產，使供給曲線會往右移動，結果價格可能會維持不變。

提高價格，也可能是廠商這邊發生某些不得不提高價格的情況。

「因為原料不足，所以供給量減少？」

「因為原料費用高漲，廠商不得不提高價格？」

這些情況相信讀者應該都能想像得到。

如果商品需求好像沒有變化，商品價格卻因上述原因而提高，當然就能預測因為提高價格的緣故，銷售量會減少，廠商會遭受打擊。

這種情況，可能會發生在「便宜是理所當然」的量販品，或平價外食連鎖店家身上。

總之，**不是只觀察「價格上漲」、「價格下跌」這些現象，甚至要試著去想像發生背景，這是非常重要的一件事。**

試著思考眼前所發生的價格變動，是需求曲線移動的影響？還是供給曲線移動的影響？能讓你更加準確地掌握社會情況。

所謂的「透過經濟學解讀市場」，直截了當地說，就是這麼一回事。

若只想到「又漲價了，真討厭」，這就只是個人感想。與觀察市場是不同的。

不管價格是昂貴還是便宜，都有「要買的商品」和「不買的商品」

本章將會解說大家常說的「個體經濟」。

「個體經濟」，一言以蔽之就是「半徑一公尺的世界」。

就是縮小到個別商品（財貨和服務）、個別消費者這種狹小範圍的經濟活動。

所以在價格上也是聚焦於「個別商品的價格」，**但是需求曲線和供給曲線會變成什麼形狀，會根據商品而有所差異**。

其中也有不論價格變成多少，需求量都不會改變的東西。

換句話說，**不管價格是昂貴還是便宜，消費者都會買的商品（只有購買這個選項），就是生活必需品**。

舉例來說，一大包衛生紙售價250元，即使上漲到350元，因為是必需品，所以不得不買。

在消費者當中，可能有人會覺得「與其要付350元，還不如用報紙代替！」所以如果價格上漲，需求應該稍微會減少吧。

但是，大多數的人雖然會發牢騷：

「價格一直漲，很困擾啊！」

「雖然對家計有影響，但也沒辦法。」

最後還是決定要購買。

這樣的商品**意味著「需求很難受到價格影響」**，表示**「價格彈性低」**。

總而言之，就是**「不管價格是多少，需求都不太有變化」**，所以會如【圖12】一樣，需求曲線的斜度會很陡（接近垂直）。

此外，必需品的需求量是固定的，所以需求曲線不太可能出現極端移動。可以想成**必需品的價格變動，主要是根據供給曲線的移動而產生**。

請大家再看一次【圖12】。

即使價格從P_1變成P_2，銷售量（Q_1和Q_2）的變化也沒有那麼大。

也就是說，**即使價格上漲，銷售量也不太改變**。

相反地，有些東西價格一旦上漲，需求就迅速下降。這些不是生活中必要且不可或缺的東西，就是所謂的「奢侈品」。

舉例來說，上美容院之類的，就是恰當的例子。

如果價格上漲，首先就會從每個人的金錢用途排除吧。

當然，應該也有人會做出「即使價格上漲，每個月一定要在那間美容院剪一次頭髮」這種決定，但多數人應該是價格上漲，就會減少前往次數，或改去更便宜的美容院吧。

這樣的商品**意味著「銷售數量很容易受到價格影響」，表示「價格彈性高」**。

圖12　「必需品」的需求曲線

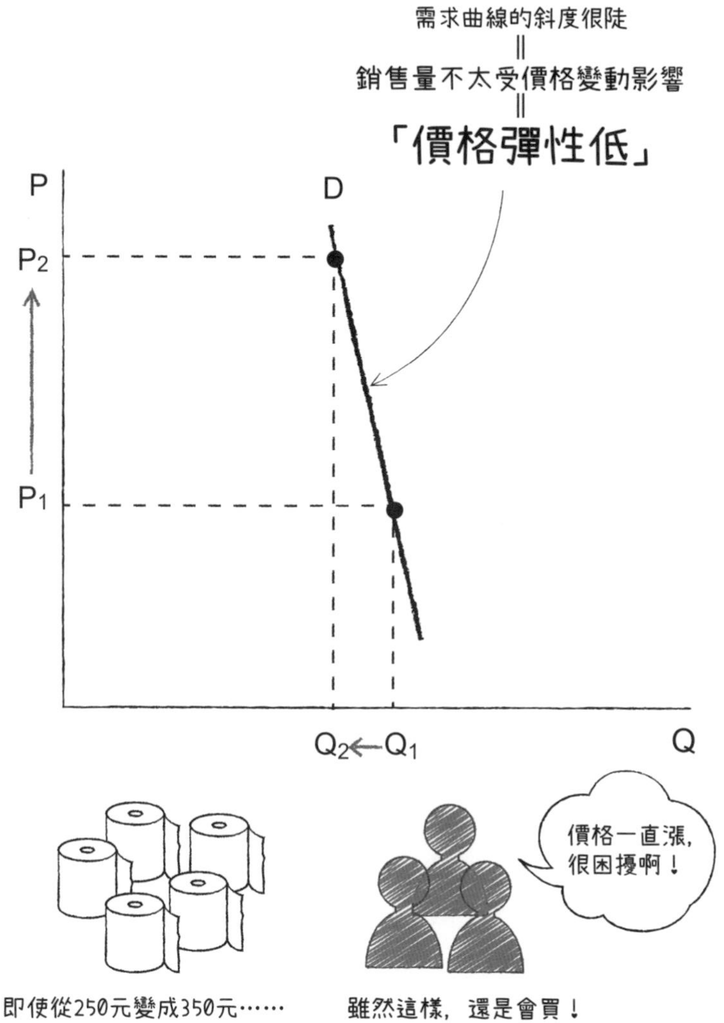

不會頻繁買新換舊的家用物品也是這種情況。

舉例來說，像汽車因為耐用，所以即使想要買新的換掉舊的，應該也會覺得「反正還可以用，所以價格下降之後再買吧！」這也算是「價格彈性高」的情況。

這些商品的情況，會如【圖13】那樣，需求曲線的斜度很平緩（接近水平）。

也就是說，假設價格只是稍微從P_1上漲到P_2，銷售量就會瞬間從Q_1減少到Q_2。

圖13　「奢侈品」的需求曲線

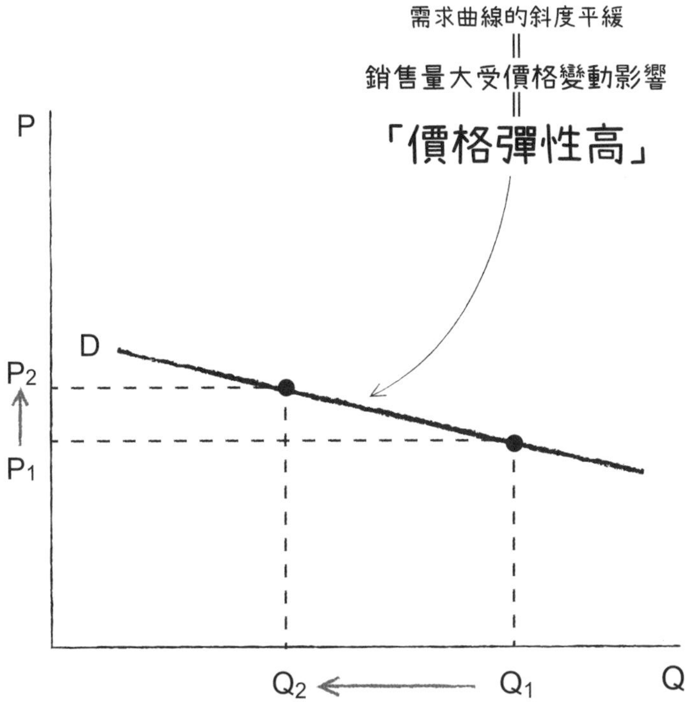
需求曲線的斜度平緩
‖
銷售量大受價格變動影響
‖
「價格彈性高」
P
D
P2
P1
Q2
Q1
Q

舊的還可以用，所以先不買

如果價格上漲……

「不動產」和「農產品」之間的意外共通點

就像前面曾說明過的那樣，需求曲線和供給曲線都會變動。

但是，**以實際問題來看**，可以說**需求曲線移動的情況比較多。**

這是因為**需求是根據個人的興趣嗜好而來的。**

雖然需求與供給頂多就是屬於相對關係，但製造商品時並不會只生產一年左右就停止。

不過，人的興趣嗜好經常改變。

希望大家也試著參照自己的情況，試著比較每個人「喜歡什麼樣的東西？會買多少？」以及「同一個工作會持續多久？」這兩個問題。

比起工作轉職，喜好改變很快的人比較多吧。

也就是說，個別商品的需求曲線，容易根據消費者的喜好而變動。

另一方面，供給容易受到外部影響，但通常是以數年做為單位變動，如果是短時間（一年內），就沒有那麼容易變動。

舉例來說，如果無法確保原物料，供給量確實會減少。

這樣就會形成開門停業的狀況，所以原物料的供給源頭應該設為複數，儘量避免出現這種情形。

雖然供給曲線難以變動，可是原物料費用高漲，商品的成本提高，為了確保利潤，有時供給者仍會選擇提高價格。

總之，**根據每個人的興趣嗜好而來的消費行為相當反覆無常，另一方面，供給者會透過固定步驟進行生產，所以和需求相較之下，可以說是比較穩定的狀態**。

若這樣思考，**遇到大量物品的情況時，視為需求曲線會移動到供給曲線上方是**

很恰當的。

但是，**供給並非完全沒有變化**。

因為不知道什麼時候、哪一種契機會使企業的生產量產生巨大變化，所以希望**不要打破「需求和供給雙方都會變動」這個前提**。

此外，根據商品的不同，有時會出現供給量特別難以變動的情況。

舉例來說，像是不動產和農產品。

土地和工業產品等商品不同，無法增加製造。房子雖然可以蓋高一點，增加樓層、戶數，但這也是有限的。

也就是說，不動產是預先決定好供給量的商品。

這樣思考，應該就能想像**不動產的價格變動主要是根據「需求的變化」而來的**。

「房子坪數明明差不多，但為什麼不同地段，價格就相差這麼大？」

很多人會產生這種不講理的想法吧，不過即使有怨言，情感上應該還是理解的。熱門城市的市中心，不動產費用會變比較貴是很正常的。

另一方面，若土地有地基鬆軟等問題遭人議論，價格就會暴跌。

但是，即便是不動產，要說供給完全沒有變化，那是騙人的。

舉例來說，如果是「開發灣岸地區，建造大量高樓大廈」這種情況，供給曲線就會往右移動。

那麼，農產品也是供給固定的情況，又是怎麼一回事？

因為農產品培育需要花時間，舉例來說，如果需求增加，增產、增加上市次數這種事情是很難做到的。

此外，農產品不像工業產品那麼耐放，所以也不可能預先大量製造，備存於倉庫直到需求提高。

所以，**農產品的情況，就是在收成出貨的時間點，供給量幾乎是固定的。**

如果因為某些理由需求提高，價格就會暴漲。這種商品的供給曲線會接近垂直（圖14）。

不動產和農產品都很難突然增加供給，所以即使需求只有稍微增加一點，價格也容易受到人為哄抬。

總之，**會描繪出哪一種需求曲線和供給曲線？根據需求和供給哪一方的變動，價格容易產生變動的問題，都會視商品情況而有所不同。**

無論是哪一種情況，都沒有「一定會這樣」的圖形，要準確弄清楚，老實說即使是專家也覺得很困難。

但是，就像目前為止所舉的幾個例子一樣，都有大致的傾向。希望大家先牢記這些事情。

圖14　不動產和農產品的需求供給曲線

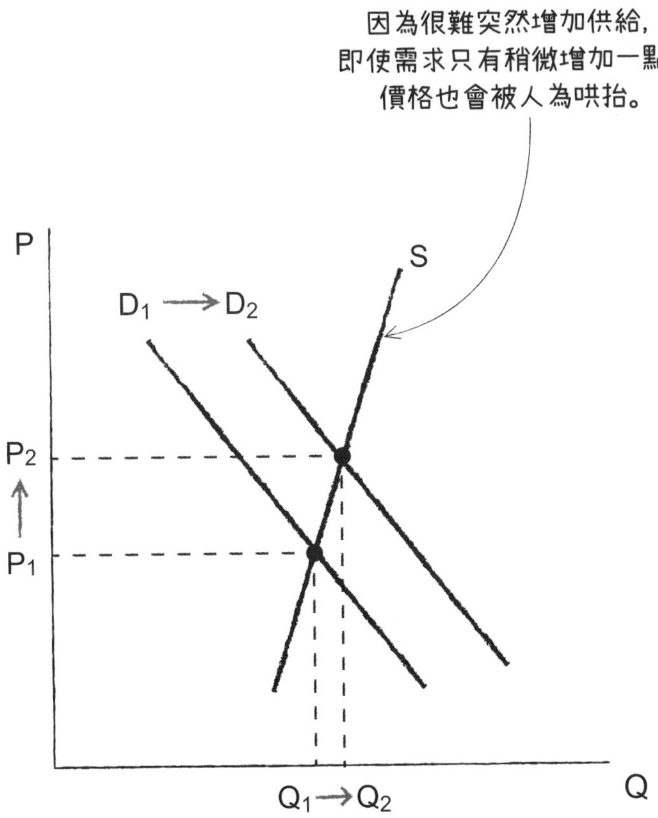
因為很難突然增加供給，
即使需求只有稍微增加一點，
價格也會被人為哄抬。
P
S
D1 → D2
P2
P1
Q1 → Q2
Q

「以唯一為目標！」——追求「品牌差異化」的理由

在此，也稍微關注一下供給者這部分。

換言之，就是要討論將財貨和服務推向市場的企業方這部分。

作為企業，當然希望以更高的價格賣出自家公司的產品。

所以，企業會一邊觀察人氣增長的情況，一邊決定生產量和價格。要說這個洞察的動作會決定企業之間的勝負，是一點也不為過的說法。

如果製作某個商品的公司只有一家，就可以隨意操作價格。

因為當企業將做好的成品留一手，在需求提高時以昂貴價格上市，就能得到更大的利潤。

圖15　每一家企業的供給曲線

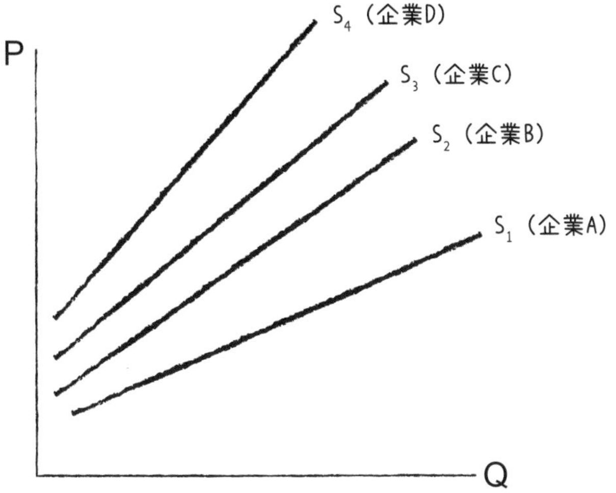

但是，製作某個商品的公司大多不只一家，還有很多製作相同種類商品的其他競爭公司。

如果在此觀察每一家企業，供給曲線就會如【圖15】那樣，各個企業隨意變成S_1、S_2、S_3、S_4……的情況。

當然價格會各不相同。

但是，如果觀察這個商品的整個市場，又會變成怎樣？

其實就會如【圖16】那樣。

換言之，就是**「大家都會以相同的價格銷售喔！」**

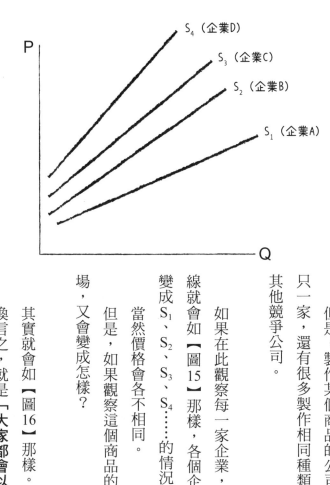

在經銷同種商品的情況下，如果只有一家公司提高價格，消費者絕對會買便宜的。

所以也就是說，**在製作同種商品的企業之間會產生價格均衡，達到統一的價格**。

從企業的角度來看，販賣價格就像是已經決定好的東西一樣。

自己打算增加多少供給量，或是打算減少供給量，幾乎不會對價格造成影響。

供給量會受需求量影響，即使需求增加，也會如【圖17】那樣，在價格維持不變的狀態下，只有供給量增加。

這個狀態稱為**「完全競爭」**。

價格幾乎沒有變化，根據需求決定供給量。

以消費者而言，不論買哪一家公司的東西，滿意度都不會改變。不論需求是高還是低，隨時可以用相同價格供應，所以要說最理想，這就是最理想的情況。

在此，可能有人會浮現某個疑問。

圖16 完全競爭

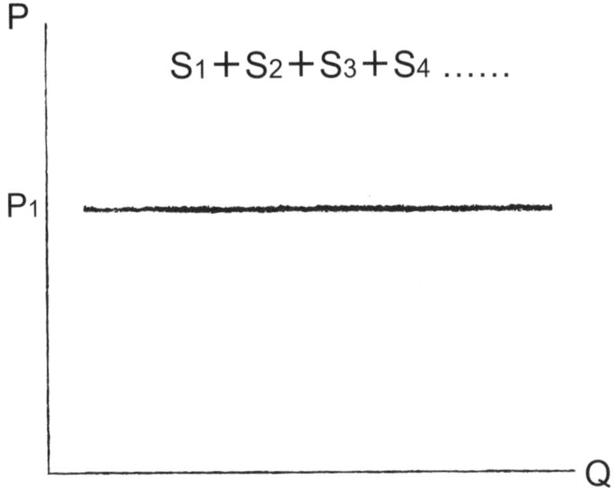

圖17 因為完全競爭產生需求時

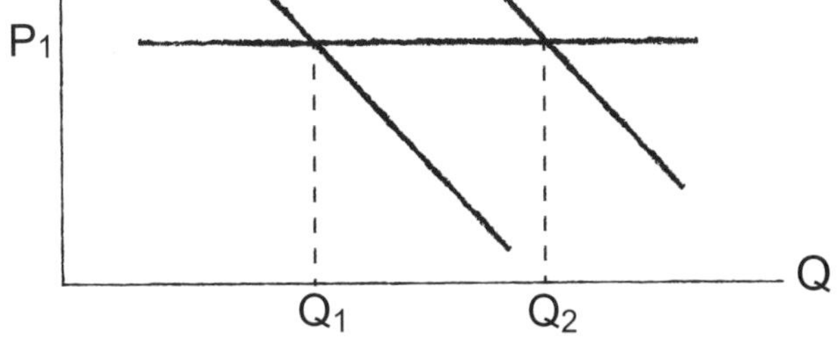

價格不會改變，供給量會增加

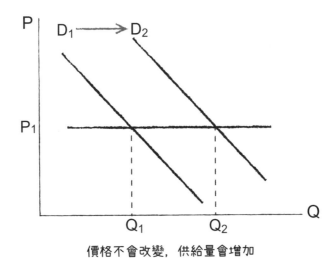

「雖說是同種商品，如果甲公司的產品比其他公司還要優秀，即使甲公司提高價格，應該也賣得出去吧？」

沒錯，就是這樣。

舉例來說，同樣都是相機，但只有一家公司製造出消費者追求的性能、性能超越其他公司，這家公司就能獨占一部分相機市場。

如此一來，在「隨處可見的平凡企業」當中，既不用配合其他公司協調的價格，也不用擔心會被捲入不知何時會發生的降價競爭。

在供給曲線方面，只有這家企業的斜度會變陡。

還可以根據有多少人想購買（需求）、能夠生產多少（供給），獨自決定價格，而不是以業界的均衡點來決定。

這正是各個企業在產品開發上激戰、費盡心思謀求品牌差異化，想要成為「唯一」的理由。

「唱片行」和「家電量販店」有什麼不同？

如同前面說明過的那樣，商品價格會根據需求和供給的平衡來決定。要達到統一的價格，是在完全競爭產生之際，這也如同前文說明的那樣。但老實說，也有價格系統性維持統一的領域，不像完全競爭那樣和其他競爭公司取得平衡的情況。

各位有聽過日本的**「再販制度」**（即「轉售」，resell）嗎？這指的是**「再販賣價格維持制度」**。

這個制度，是讓某些商品必須**「不改變價格而販售」**，**也就是說不管在哪裡買都是一樣的定價**。像這樣**價格已經事先決定好的情況，稱為「價格卡特爾」（Price**

Cartel）。

以前，再販制度還包含化妝品等商品，但現在則只適用於書籍、報紙、雜誌、ＣＤ和錄音帶。

每一種都是常見的商品，但大家應該很少注意到，在日本**這些東西的價格，不論走到哪都是相同的**吧。

不論哪一家店，都是以廠商設定的定價販售。

以本書為例，在日本買書，不管是連鎖大書店，還是獨立小店，應該都是以定價販售（二手書除外）。

不會發生在附近書店販售１４００日圓，但在隔壁城鎮的書店販售１０００日圓這種情況。

或許說到這種程度還是很難理解，但是**「不論在哪買都是定價」的情況，其實是非常特別的模式。**

請大家回想一下家電量販店的情境。

在店家的每個角落，經常閃現著「買貴退差價」等廣告文宣。

雖然廠商應該有他們的建議零售價格，但是身為零售業的家電量販店要按照建議零售價格販賣，根本是不可能的事情。

應該經常在廠商建議零售價格上，看到打上叉叉，再以紅字寫著相當大的折扣價格標籤。

總之，想要賣出更多商品的零售商店之間會出現降價競爭。

順帶一提，蘋果公司的產品，不論去哪一家量販店，經常幾乎都是以定價販售。這是因為蘋果公司有品牌力，以接近獨占的形式擁有價格競爭力。

換句話說，蘋果公司的產品擁有「即使不降價也會購買的消費者」。可說是能透過高度品牌力維持定價的情況。

話雖如此，蘋果公司的品牌力還會持續到什麼時候？這是誰都無法保證的。

回歸正題。

回想家電量販店的情境就能知道一件事，販賣價格大部分是透過零售商店來判斷的。在這背後當然存在著供需平衡。

但是，適用再販制度的商品，不會發生店家不同價格就不一樣的情況。

像這樣透過制度上的力量，打造維持價格的狀況，就商品而言，必須說這是不健全的制度。

如果不暢銷，打算降價出售是很正常的

再販制度是不健全的制度。

要說為何這樣說，就是因為會發生以下這種情況。

以CD為例來說明吧。

如前所述，因為CD適用於再販制度，所以相同的CD，不論在哪都是以定價販售。

所以這張CD的供給曲線S，會如【圖18】那樣呈現水平。也就是說，詢問每個賣家，他們都會回答同樣的金額。

廠商會以「如果是這個定價，這些應該能賣出去吧」的預估來決定定價。也就

是透過有一定需求的前提，來決定價格。

那麼，一旦陳列在唱片行時，這張CD的需求曲線如果是【圖18】的D，就能依照廠商的預估賣出一定數量。

不過，如果和廠商的預估相反，想聽這張CD的人非常少，會變成怎樣？因為極端情況比較容易理解，所以就當作需求曲線是D′這種程度。如同圖中看到的那樣，供給曲線S和需求曲線D′完全沒有碰到。這代表什麼？也就是說，**若以定價銷售，連一張CD都賣不出去**。

那麼，和其他商品一樣，假設CD的價格也會變動，會變成怎樣？供給曲線會變成S′那樣。在此階段，唱片行第一次出現「以定價銷售似乎賣不出去，所以降價吧。」這種只有身處現場的人才會做出的選項。

這樣將價格從P調降到P′的話，至少可以賣出Q′程度的數量。

換句話說，就是以下這種情況：

圖18　再販制度

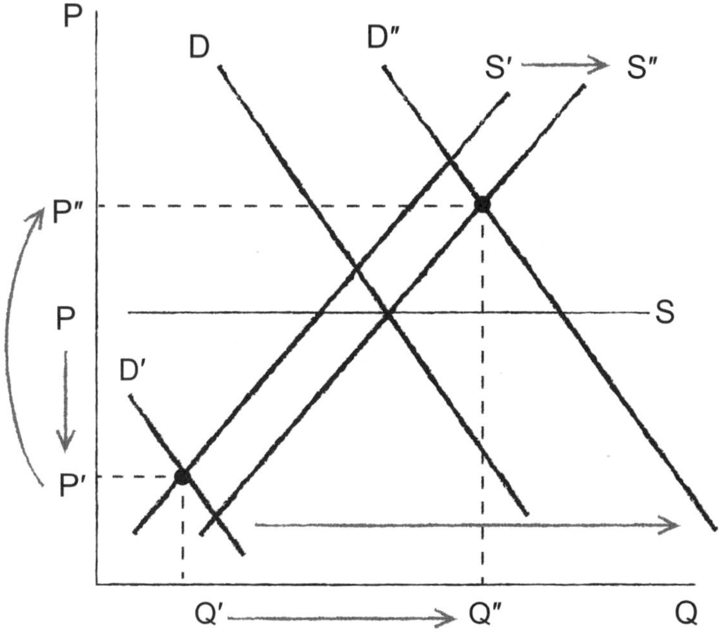

採用「以定價販售」的規則去限制零售商店，就會眼睜睜地錯失將「降價或許能賣出去的部分」出售的機會。

日本的再販制度中，有「防止廉價出售藉此保護文化」這樣一個理由。所以，以前出現取消再販制度的爭論時，業界提出強烈反對。大概是覺得如果不能以定價販售，自家的商品價值就會受到傷害。

但是，**商品價值就是商品要送到人的手上才能流傳**。事先讓這個機會大大消失，後來再提到「文化需要保護」，這怎麼想都很奇怪。

和拘泥於定價，一張CD也賣不出去的情況相比之下，根據需求降價也要販售，以生意角度而言是比較健全的。因為**即便利潤比當初預估的還要大幅下降，至少也試圖回收能夠回收的利潤，在市場經濟中這是很自然的**。

話說回來，雖然目前為止是設想「需求是少量的狀態」，當然也能考慮相反的模式。

只要適用於再販制度，即使上市的CD非常熱賣，也只能維持定價販售。

換句話說，就是因為再販制度，親自斷送了提高價格的機會。

如果沒有再販制度，就會如【圖18】的D″那樣，需求曲線越往右移動，這張CD的價格就越上漲。

但是，如果因此得意忘形不斷持續製造，供給曲線就會急遽往右移動，變成供給過剩，阻礙價格上升。

為了避免變成這種情況，只要能弄清楚增產速度，S″和D″的交叉點就會變成P″和Q″所形成的。也就是說，這張CD的價格會上漲，從這張CD獲得的利潤，也可能比適用於再販制度時還要大。

如果賣不出去就降低價格。

如果賣得出去就提高價格。

為了能夠產生這種做生意的自然彈性，我是贊成取消日本的再販制度。不論是對廠商還是對零售商店而言，能按照供需平衡改變價格，獲得的利潤會比較大。

話雖如此，相比在店家購買ＣＤ，透過串流網站下載音樂，現在已漸漸變得很普通。

書籍也有同樣情形，再販制度不適用於電子書，在Amazon等網路零售商店會舉辦折扣活動。

因為有這種潮流，所以可以視為ＣＤ和書籍的再販制度，遲早都會在日本慢慢消失吧。

「無法提高價格的牛丼」和「能夠提高價格的拉麵」

對於供給商品這方而言，價格設定是一個存活問題。

如果能賣出更高的價錢、更多商品，就不會有怨言，但若價錢訂太高，販賣量會減少。雖說如此，如果太廉價出售，就不會產生利潤。

要盡可能以高價賣出、儘量賣出大量商品，就必須慎重思考自己經銷的商品的需求曲線會變成哪種形狀。

從這點來看，例如「無法提高價格的牛丼」和「能夠提高價格的拉麵」之間的差異也會慢慢出現。

牛丼連鎖店，每家店基本上都是相同價格。

如果有其他家店降價，自己的店也要努力調降價格。

這種情況下，如果因為材料供應商的緣故出現瑕疵等情況，此時雖然想要提高價格，但卻不行。

因為如果提高價格，顧客會跑到其他連鎖店。

另一方面，即使同樣是飲食業，例如人氣拉麵店的情況，那就另當別論。

雖然拉麵店有很多家，但顧客「喜歡這家店的味道」，即使價格稍微上漲，還是會持續光顧。

人氣拉麵店，粉絲越多，就算價格上漲，銷售量也不會減少太多。

如果要以需求曲線表示牛丼連鎖店和人氣拉麵店這兩種店家，就會像【圖19】和【圖20】一樣，牛丼連鎖店的需求曲線會接近水平，人氣拉麵店的需求曲線會接近垂直。

那麼，假設有一次，兩者的材料價格都上漲。

圖19　牛丼連鎖店的需求曲線

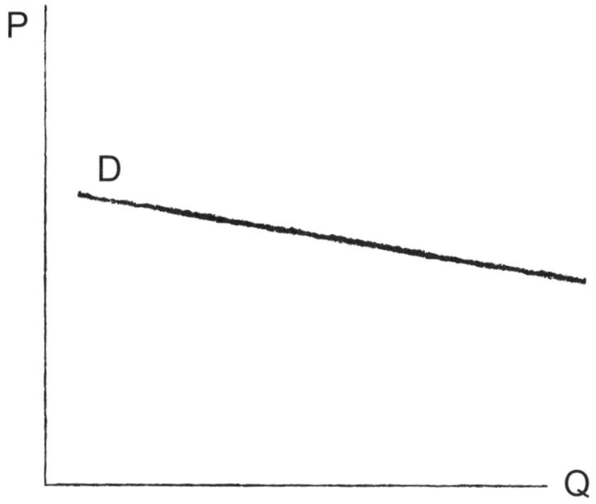

圖20　人氣拉麵店的需求曲線

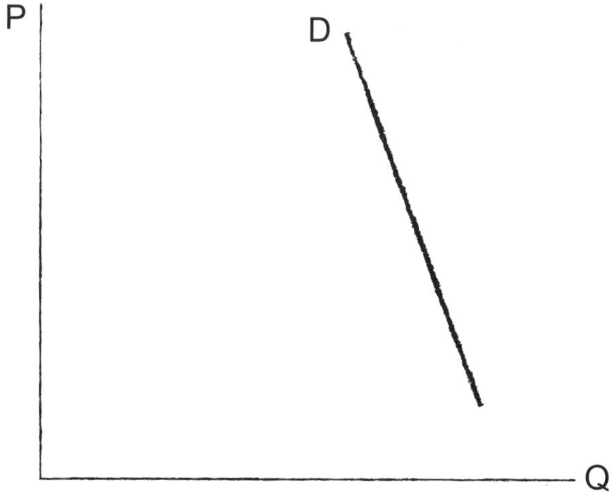

如何去判斷商品標價，就是區分勝負的關鍵。

如果提高價格，銷售量應該或多或少會減少吧。問題在於是否能用提高價格的部分去填補銷售量減少的部分。

因為銷售額的算法是「單價×銷售量」，所以分析「P_1×Q_1」和「P_2×Q_2」的差距，就是判斷的基礎。

首先，如果牛丼連鎖店提高價格，會變成怎樣？

如果已經知道需求曲線接近水平，**即使些微提高價格**，也可以預測到**銷售量會一下子減少。**

「P_2×Q_2」和「P_1×Q_1」相比之下，數值應該會變得相當小。

所以，牛丼連鎖店無法提高價格。材料費用上漲的部分要自行吸收，直到價格下降為止只能自行忍耐。

那麼，如果人氣拉麵店提高價格，會變成怎樣？

圖21　如果牛丼連鎖店提高價格……

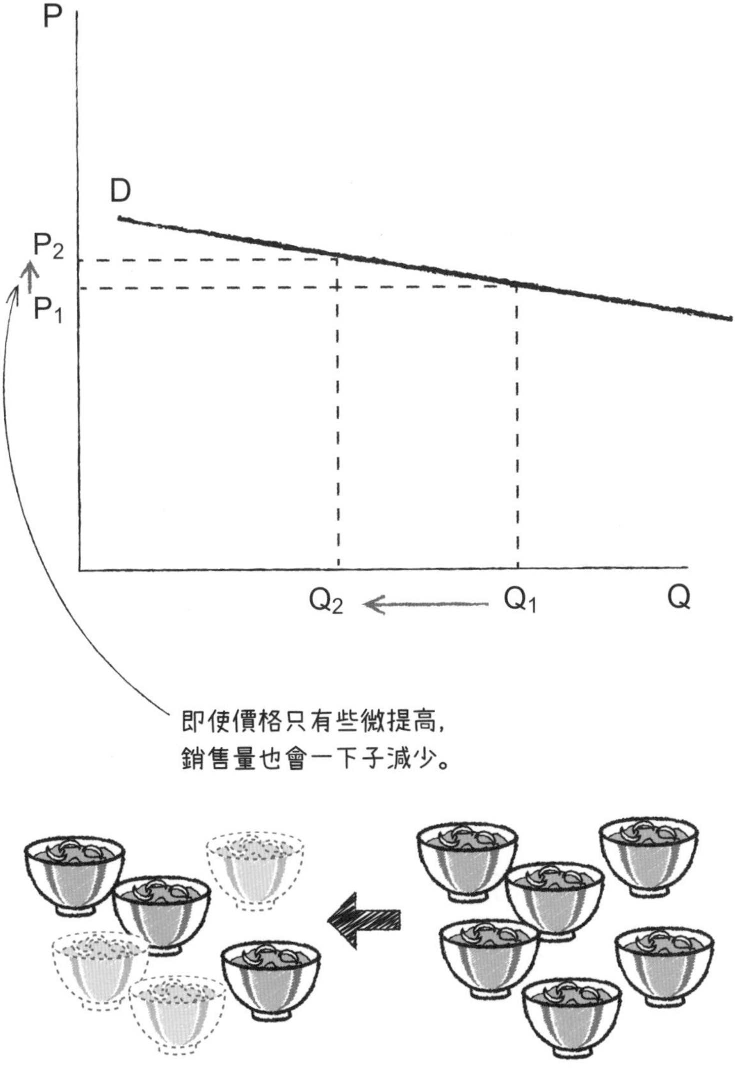

因為需求曲線接近垂直，即使提高的價格和牛丼一樣，也可以預測到銷售量不會減少那麼多。

「$P_1 \times Q_1$」和「$P_2 \times Q_2$」的數值會一致嗎？不如說會增加，銷售額可能會變高。

所以，如果是人氣拉麵店，也有提高價格的選擇。

應該有人注意到。

牛丼連鎖店的需求曲線，會變成和先前看到的奢侈品相似的需求曲線，人氣拉麵店的需求曲線，則會變成和先前看到的必需品相似的需求曲線。換句話說，**牛丼連鎖店的「價格彈性」高，拉麵店的「價格彈性」低**。

但是，這也不是絕對的情況。

即便是牛丼連鎖店，應該也有顧客是「最喜歡A店，所以即使價格稍微上漲也會光顧」，而就算是人氣拉麵店，也會有顧客是「雖然喜歡味道，但如果價格上漲，就不會再去」。

雖然這是很正常的情況，但是消費者的行動並非所有人都一致。所以，**牛丼連鎖店和拉麵店的需求曲線，都不會變成完全水平或垂直**。

圖22　如果人氣拉麵店提高價格……

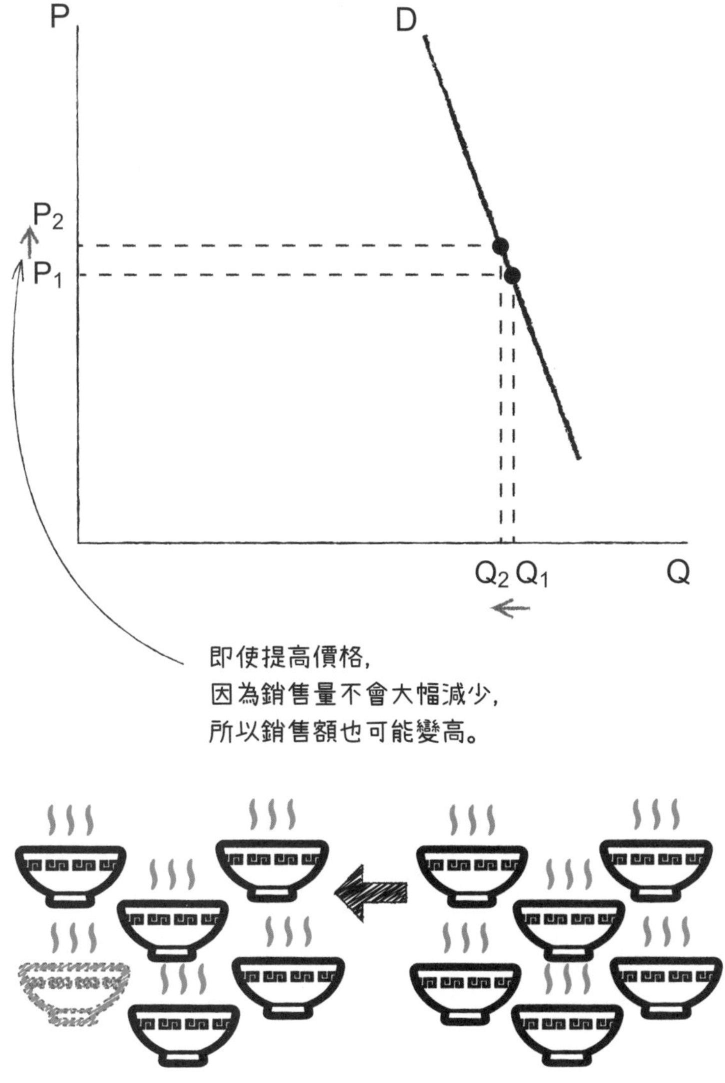
P
D
P2
P1
Q2 Q1
Q
即使提高價格，
因為銷售量不會大幅減少，
所以銷售額也可能變高。

為了解決「待機兒童問題」，該怎麼做？

為了理解需求供給圖，具體實例是越多越好。

在累積大量經驗的過程中，思考供需曲線會變成什麼樣子？基本上理解判斷力就會慢慢磨練出來。

那麼，作為觀察各種案例的一環，再舉一個很有意思的事例吧。

就是日本近來話題特別熱烈的「待機兒童問題」*。

試著將這個問題畫出需求供給圖，可以簡單地進行說明。只要能夠看到問題的全貌，也就能想到解決對策。

那麼，首先所謂的「待機兒童問題」，如果以供需來思考，是怎麼一回事？

總之一旦大家開始強烈討論，看起來就好像日本全國都發生相同問題，但這是**部分托兒所的需求和供給出現不平衡的情況**。

這就是待機兒童問題的真實情況。

舉例來說，市中心房價太貴住不起，雖說如此，住到太郊外的地方會很不方便。所以，大家就會想要住在房價與方便程度相對平均的地區。

尤其育兒世代的人應該就是如此。

但是在熱門地區，房租也較貴。

因此，即使該地區有許多小孩，也很難蓋很多托兒所。

所以托兒所就會不夠。

「在熱門地區，房租也較高」這一點，就是待機兒童問題在部分地區特別嚴重的原因。

＊指已具備托兒所入學條件，但因托兒所設施不夠、教保員不足等問題，只能排隊等待進入托兒所的兒童。

圖23　托兒所問題的供給曲線

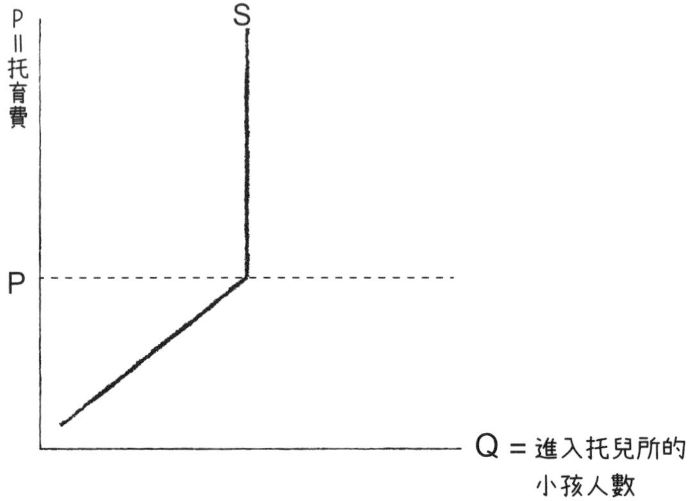

所以，托兒所問題的供給曲線會如【圖23】所示，中間有自然的斜度，但是從某個定點開始變成垂直。

這個垂直部分，是在市中心和周邊地區呈現飽和狀態（供給量是固定的）的托兒所數量。

如果托育費上漲，即使房租算是高價位，托兒所應該也會增加，教保員也會增加。

但是，現狀是日本政府認可的托兒設施，托育費是由政府機關規定的法定價格。

即使托育費上漲，但教保員人數還沒跟上，所以供給量仍然固定。

圖24　待機兒童問題的需求供給曲線

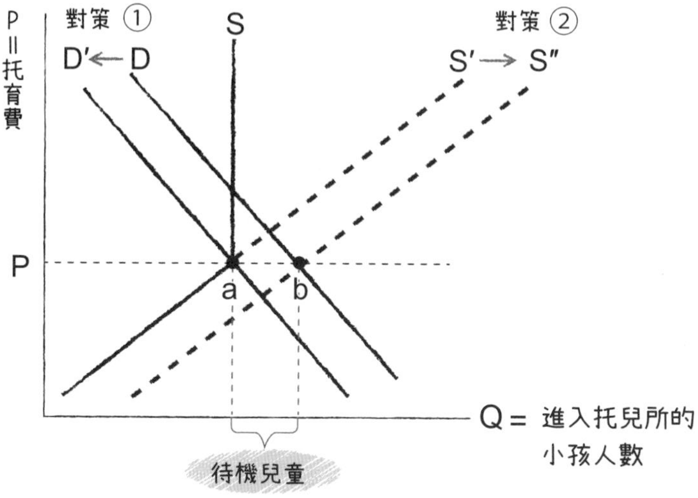

相對於此，需求曲線是呈現D那種狀態，所以托育費維持在P的狀態下，想要將小孩送到托兒所，就會產生a和b之間的差距（圖24）

這個差距部分就是在需求方面，供給處於不平衡的部分，就是所謂的「待機兒童」。

所以部分家庭會支付高額金錢，選擇未經政府認可的托兒所。這也確實是一種方法。

但是，有些家庭無法支付高額金錢。在這種情況下，要使托兒所能夠滿足需求，應該怎麼辦才好？

有兩個辦法。

〈對策①〉減少需求

無法立刻增加部分地區的托兒所（即無法立刻增加供給。我們在前面不動產和農產品的章節中，解釋過供給無法立刻增加的情況，在此即為相同典型），也就是說要更迅速地減少該地區想要進入托兒所的小孩。

以【圖24】來說，需求曲線如果移動到D′的程度，需求和供給就會平衡。

也就是說，**如果真的想將小孩送入托兒所，就搬家到有更多托兒所的地區，或是搬到更少育兒世代的地區，只要選擇其中一個方法即可。**

不想改變居住地點、想要工作、想要將小孩送到托兒所。

因為想要滿足上述全部願望，就會面臨待機兒童問題。

如果真的想要將小孩送到托兒所，自己在外工作，下定決心放棄「想要居住的地點」，也是一個辦法。

在此會和「因為方便」、「因為對這個地方很有感情」這種「想要住在這裡」的情緒扯上關係，所以會產生問題。

並不是要大家排除感情的因素。

而是**或許可以再稍微擴展一點視野，試著思考整體上，什麼東西對自己而言是最舒適的。**

若需求者無論如何都無法改變居住地點，應該也可以透過政策去處理吧。在其他地區的托兒所，引進能將小孩送到托兒所的那種通學巴士，也是改變需求曲線的方法。此外，也能提出政策，替家長支付前往其他地區的交通費。

〈對策②〉增加供給

這是指增加教保員以及托兒所的「數量」。

制度上的改革是必要的，而且必須以長久的眼光來考量。

舉例來說，可以考慮提供補助金培育教保員、使教保員證照比現在更容易考取等方法。

增加教保員的薪資也是一個辦法。

目前日本政府是將調高薪資當作增加教保員的最快方法，提出提高2％（平均每月薪資是提高6000日圓）的政策。

但是在這種情況下，全日本一概提高薪資，考慮到費用方面，算是比較沒有效果的作法。產生供需不平衡的地區是限定的，所以最好還是在出現這種情況的地區實行。

在這個意義上，**待機兒童問題並非國政等級的問題，以地方行政來應對會比較容易解決。**

政府也將納入定期加薪等其他計畫，這樣的作法似乎也是將提高「教保員」工作的社會地位水平作為目標。

增加教保員的考試次數，對增加供給也是有益的。因為即使改善教保員的待遇，如果考試維持現狀，教保員仍不會增加，只會使現在的教保員薪水變高。

以這種方式改善供給，供給曲線的垂直部分就會消失，就如【圖24】所示，會慢慢變成S′和S″的情形。

雖然必須以長久的眼光來觀察，但是待機兒童會快速減少。

當然，這時需求曲線應該還會變動，所以到此為止並非單純情況。

但是以觀點而言，這樣就能解決問題。

「通貨膨脹」和「通貨緊縮」也是在探討需求和供給之間的關係

就提供大量經濟政策建議的立場而言，雖然經常有人來找我討論總體經濟的問題，但從個體經濟來觀察市場，也是非常有意義的。**提出各個事例，試著思考供需曲線會變成怎樣，就能更清楚地看到市場上的各種問題。**

我本身並不否定以這種方式去嘗試思考各種事情。個體經濟很適合拿來考量身邊隨處可見的各個現實問題。經濟和我們的生活有極其深厚的關係。

雖然從總體觀點掌握大局很重要，但如果只把目光放在整體，卻無法利用這種觀點準確思考眼前所發生的事情，學習經濟就沒有意義。

請大家試著以「需求供給圖」這樣一個分析工具去縱觀市場。應該可以逐漸看到和目前為止相當不同的事物。

希望能成為這種開端，所以我在本章穿插了具體實例，同時逐步說明供需曲線的幾個模式。

探討需求和供給的相關內容，在專業上稱為「價格理論」，這是構成個體經濟學核心的理論。

要理解價格的結構，除了這個之外，沒有其他必要的理論。

那麼，在此作為下一章的起點，希望也稍微擴展一下總體方面的視野。

在目前為止所談論的個體內容，需求和供給所說的是每個商品的供需情況，但**如果是總體，則會變成探討整個市場的情況。**

也就是說，**需求是將整個市場的需求全部加在一起的「總需求（Aggregate Demand）」，供給是將整個市場的供給全部加在一起的「總供給（Aggregate Supply）」**。

就像即使是個別商品，需求和供給也與價格決定有所關聯，**如果是整個市場，總需求和總供給就會決定整個市場的物價（一般物價）**。

雖然常常有人只關注某個商品就大放厥詞：「降低價格，就會出現通貨緊縮。」**但是個別物價和一般物價的變動，未必是一致的。一般物價就像所有個別物價的平均值一樣，無法透過特定商品的動向去掌握。**

當然，個別物價也的確是一般物價的一部分，所以若一般物價下降，應該也會有同樣下降的個別物價。

但是，如果有人說「發現所有牛丼都降價，確實感受到通貨緊縮的到來。」代表這個人並不了解個別物價和一般物價的差異，只是班門弄斧。

即使個別物價下降，也並非處於通貨緊縮的狀態，即使個別物價上漲也不能說是通貨膨脹。**通貨膨脹和通貨緊縮，探討的都是根據總需求和總供給而決定的一般物價。**

舉例來說，造成通貨膨脹的方式有兩種。

讀到這裡的人，可能已經發覺。

大家應該還記得前面說過的內容吧。當某個商品的價格上漲，有需求曲線往右移動（需求增加），或是供給曲線往左移動（供給減少）這兩種可能性。

物價也可以說是相同情況。

也就是說，**有總需求曲線往右移動變成通貨膨脹，和總供給曲線往左移動變成通貨膨脹的情況。**

總需求曲線往右移動造成的通貨膨脹稱為「需求拉動型通貨膨脹」。

從【圖25】可以看出來，以需求拉動型通貨膨脹來說，Q（生產量＝實質GDP。「實質GDP」的意義請參照102頁）也會增加。

換句話說，**需求拉動引起的通貨膨脹，就是消費者心理傾向於「想要買更多」，呈現出商品會更加暢銷這種好景氣。**

的確，總需求會進行「拉動」，換句話說這和消費者愛花錢，「帶動」物品銷售的形象，相當符合。

另一方面，總供給曲線往左移動造成的通貨膨脹稱為「成本推動型通貨膨脹」。

在這種情況下，即使同樣造成通貨膨脹的結果，但Q是減少的狀態。

總供給曲線往左移動，也就是壓制生產量的情況。

那麼，總供給曲線往左移動的主要原因是什麼？

一言以蔽之，是供給所需的「成本」上漲。可以想像包括原物料費用和運費等諸多原因。所以，就是「因為費用而壓制生產量」的意思，這就是「成本推動型通

圖25　需求拉動型通貨膨脹和成本推動型通貨膨脹

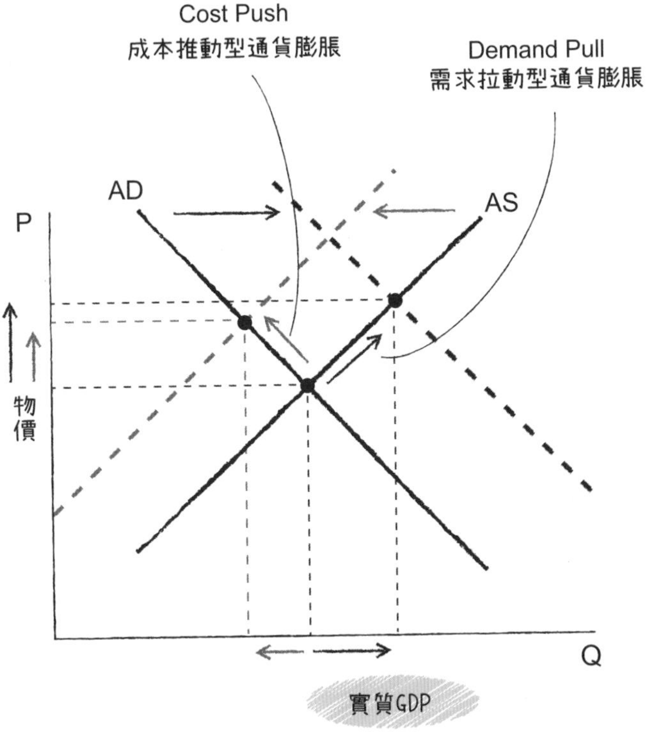

AD＝總需求（Aggregate Demand）
AS＝總供給（Aggregate Supply）

貨膨脹」。

舉例來說，一九七〇年代，石油危機時期，正好發生成本推動型通貨膨脹。石油價格高漲，使製作商品的成本上漲，廠商就不得不提高商品價格。但是價格提高，銷售量當然會減少。

這個製造業危機影響整個日本經濟，造成成本推動型通貨膨脹。

如果對成本推動型通貨膨脹置之不理，就會出現「人民要承受物價太高的痛苦，廠商在成本很高的狀態下，即使製作商品也難以賣出」這種最糟的情況。國家必須想辦法解決。

不只是成本推動型通貨膨脹，即使是通貨緊縮造成的不景氣等情況，國家也會尋求各種對策，想要改善景氣。

那麼，國家應該採取什麼對策？

這些將會在下一章陸續討論。

首先，在此請大家先記住下述內容，**以總體經濟而言，就是：**

價格＝物價（一般物價）

數量＝實質GDP

需求＝總需求

供給＝總供給

而操作這些要素的，就是所謂的「經濟政策」。

Column

物價是以商品的「貨幣總量」來決定

前面提到，**物價是根據總需求和總供給的平衡**來決定，但這也可以說是**「市場上出售的商品總量」和「市場上流通的貨幣總量」的平衡**來決定。

這是因為「需求」是指「伴隨支付能力的慾望」。

即使某人「想要」某個東西，如果無法實際購買，就不會稱為「需求」。

在下一章會詳細確認這個部分，「總需求」除了整體的消費、投資、淨出口（「進口」是金錢流向外國，所以要將出口扣除進口的部分）之外，政府所花用的金錢也包含在內。

這些「**貨幣總量**」，**相對於商品總量會多出多少？還是少掉多少？將會決定是通貨膨脹還是通貨緊縮的情況。**

・通貨膨脹是相對於商品，需要支付的貨幣量增加，商品價值上漲

的狀態。

・通貨緊縮是相對於商品，需要支付的貨幣量減少，商品價值下降的狀態。

一言以蔽之，便是如此定義。

當然，這個平衡會時常變化。並非商品的貨幣量多於多少就是通貨膨脹，少於多少就是通貨緊縮，而是要和去年相比，如果商品價格上漲，那就是通貨膨脹，如果下降就是通貨緊縮。

這就稱為**「貨幣數量理論」**，是基本的經濟理論。

為了穩定物價、使經濟好轉，政府和中央銀行會採取操作總需求的政策。

換句話說，藉由控制市場上流通的貨幣量，傾向通貨緊縮時，就使其轉向通貨膨脹；傾向通貨膨脹時，就使其轉向通貨緊縮，這就是政府和中央銀行的工作。

第2章

立刻搞懂！探討「金錢政策」

——【總體經濟學】擴展你的觀點！

「總體經濟政策」會使「總需求曲線」往右或往左移動

在前一章，已經深入理解我們身邊的經濟學內容。

從本章開始，則要將視野擴展到整個市場。

在總體經濟中，需求是總需求，供給是總供給，價格是表示一般物價，這些已在前一章的最後進行說明。

在個體經濟中，只需要理解「根據需求的變動，價格變動會如何發生？或是藉由操作價格，需求和供給會如何變化？」這種「價格理論」。

這些已在前一章充分說明。

但是，在總體經濟中，則有所不同。

若想掌握整個市場的經濟，不只是每個人、每個企業，還必須考慮和「政府」有關的情況。

在經濟上，每個人、每個企業和政府有極大不同的地方是什麼？

如前所述，**政府可以根據總體經濟政策，來操作總體經濟。**

此外，一般而言，政府最好不要干涉個體經濟。因為對個別產業和個別企業而言，政府的存在大多會成為一種危害或是不公平的待遇。

因為各種情況導致經濟狀況變差時，**政府會向中央銀行發出指示，使其實施貨幣政策、由政府親自實施財政政策**，打算讓經濟好轉。

這是政府的重要工作之一。

那麼，**要說何謂「貨幣政策」、「財政政策」？**那就是前一章最後看到的，**「如何操作『總需求曲線』？」**

過去，在安倍經濟學*1引起社會熱議時，一直聽到「擺脫通貨緊縮的三支箭」*2這句話。

其中兩支就是**「寬鬆的貨幣政策」和「擴大財政支出」**。

這就是動員所有經濟政策，讓總需求曲線往右移動，打算擺脫長期持續的通貨緊縮和不景氣。

相信讀者應該還記得總需求曲線往右移動是什麼情況吧。

請回想一下「需求拉動型通貨膨脹」的內容。

消費者心理變成「想要買更多」的情況，每個人都愛花錢，結果物價變更高，生產量也變更多。

在安倍經濟學當中，透過貨幣寬鬆政策和擴大財政支出，首先就是打算在日本社會中引起這種反應。

先舉容易理解的例子，但**每個貨幣政策和財政政策基本上都是相同的**。

・如果景氣變差（通貨緊縮的情況過於嚴重）
使總需求曲線往右移動的手法

・如果景氣過熱很嚴重（通貨膨脹的情況過於嚴重）
使總需求曲線往左移動的手法

在這種情況下，就要**隨機應變實施貨幣政策和財政政策，將物價調整成「剛剛好」的狀態**。

接著，**就以適當步調的經濟成長為目標**。

首先，只要記住這些。

*1.日本首相安倍晉三為了挽救日本沉寂多年的經濟困局，在第二次安倍內閣任內所提出的一系列政策，實質為量化寬鬆政策，試圖以貨幣貶值提高日本商品在國際上的競爭力。

*2.安倍經濟學的主要政策被安倍晉三稱為「三支箭」，分別為寬鬆的貨幣政策、擴大財政支出、結構性經濟改革與成長策略。

抓住重點，立刻搞懂必要的經濟政策

所謂的「經濟政策」，歸根究柢就是操作總需求曲線。

只要抓住這個重點，每個人現在都能搞懂必要的政策。

在此之前，一起來整理整個市場的供需曲線吧。

首先，請大家觀察【圖26】，複習一下，**這是表示整個市場的圖表，所以P是「物價」，Q是「實質GDP」**。

所謂的「實質GDP」，就如同字面意思，是一國國民所得的指標。

舉例來說，假設去年的GDP是100萬元，而今年的GDP是110萬元，單純計算就是成長10%，將此稱為「名目GDP成長率」。

圖26　總需求和總供給

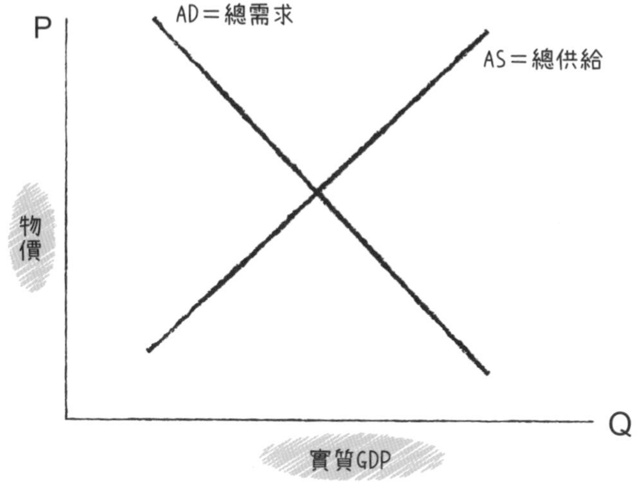

但是，由於這一年間的物價有變動，所以無法單純比較去年和今年的數值。

也就是說，今年的110萬元的價值，和去年這個時間點的110萬元的價值不一樣，因此以去年的100萬元為基準的「成長10％」這種**名目GDP**，**不代表實際狀態**。

所以，**假設物價變動部分是5％，調整後的實質GDP成長率就是5％，也就是說，今年的實質GDP會變成105萬元**。

那麼，接下來就來討論總需求曲線和總供給曲線的部分。

「總供給」就是整個市場的供給，所以**是指所有財貨和服務的供給量**。

相對的，**總需求則是「消費＋投資＋政府支出＋淨出口（即出口－進口）」**。

在這當中，難以理解的部分是政府支出。

後面的第4章會詳細說明，政府會進行公共投資。也就是說，其實**政府也是需求者，換言之就是消費者之一**。

此外，**消費是在所得當中購買財貨和服務，而投資是從所得扣除消費後剩餘的儲蓄，像是存款或股票投資**等等。

而出口是將產品賣到國外，進口是從國外購買產品，賣出去是賺錢（所得），購買則是付錢，所以出口是添加，進口是扣除。

那麼，試著思考在什麼時候需要什麼樣的政策吧。

如果因為通貨緊縮導致景氣很差，就必須使總需求曲線往右移動（圖27）。

圖27　因為通貨緊縮導致景氣很差時

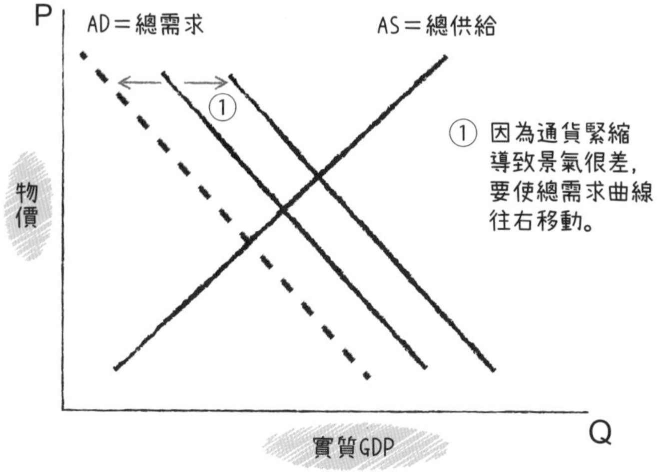

若是這樣，**以財政政策而言，就是減稅和財政支出，以貨幣政策而言，就要實施貨幣寬鬆**。

先前要觀察總需求的細項因素，是因為根據政策的不同，影響的部分也有所差異。

以結果而言，總需求曲線往右移動是不變的，但是**「總需求當中，哪個部分會變動往右移動？」**則有些許差異。

首先，**財政政策當中，減稅會影響消費**。

這應該很容易想像吧。因為減稅使稅金負擔變得更輕，所以更容易任意花錢。

圖28　經濟政策的效果

	①總需求曲線往右移動			②總需求曲線往左移動		
總需求／經濟政策	減稅	財政支出	貨幣寬鬆	增稅	財政緊縮	貨幣緊縮
消費	提高			下降		
投資			提高			下降
政府支出		提高			下降	
出口－進口			貨幣貶值→出口提高			貨幣升值→出口下降

而財政支出是政府在公共投資等方面花錢，所以會單純提高政府支出。

另一方面，**貨幣寬鬆主要會影響投資和淨出口**。這個效果也會波及到消費。

這是因為**所謂的「貨幣寬鬆」，是指央行調降利率、增加貨幣量，「增加在市場流通的貨幣量」**。

如果央行降低利率，民間的利率也會降低，企業和個人就容易借錢。

也就是說，投資會提高，同時央行如果增加貨幣，日圓數量當然就會增加。

於是相對地，和美元相比之下，日圓就會變多。換句話說，會變成「和以前相比，日

圖29　景氣過熱情況太嚴重時

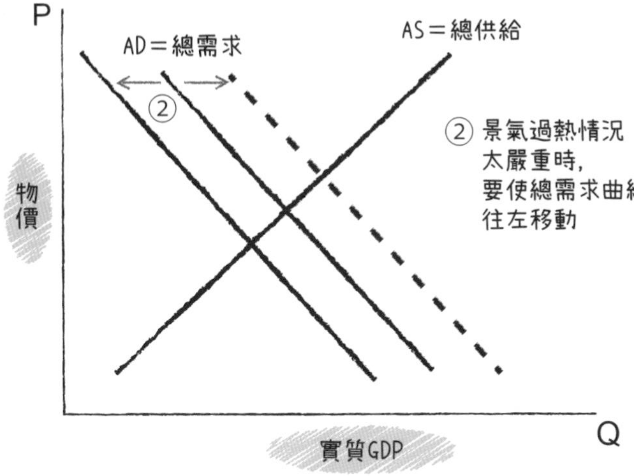

圓比美元多的狀態」，變成日圓貶值。

所以出口量會增加，進口會減少。

總之，貨幣寬鬆會透過利率影響投資，透過外匯影響淨出口。

不景氣時，如果實施這些財政政策和貨幣政策，就會如此影響每一個需求，總需求曲線會往右移動。

然後，物價和實質GDP也會提高。

相反地，景氣過熱情況太嚴重，必須稍微澆點冷水降溫，這時只要做相反的事情即可。

換言之，就是**增稅、財政緊縮，以及貨幣緊縮**。

如此一來，就會發生與先前說明的

作用相反的情況，**總需求曲線會往左移動【圖29】**。

那麼，現在以上述的觀點，來觀察日本這幾年的經濟政策，會是什麼情況？

在實行貨幣寬鬆的過程中，消費稅提高到8％，而且有人說：「必須提高到10％」。在寫這本書時，消費稅提高到10％的政策已暫時擱置*，若真是如此，我希望除了擱置之外，增稅這個措施也盡快消失。

總之，**只要理解「將總需求曲線往右或往左移動」的概念，就能想像應當要有的經濟政策**。

大家可能會覺得只要知道這麼簡單的事情就好了嗎？但這的確是我實際使用的基本觀念。

＊作者寫書約在二〇一六年中，但實際上二〇一九年十月開始，日本的消費稅便從8％漲到10％。

失業率的供需曲線——養成自行思考的習慣

如果能夠理解總體供需曲線，例如失業率等等，就能馬上搞懂怎樣的政策是有效的。

關於就業僱用問題的重點是以下兩點：

- 能夠拿到多少薪水？
- 會僱用多少人？

所以考慮失業率的情況時，就如【圖30】，**設P為「薪資」，設Q為「僱用量」**。

因為薪資金額是從最低到最高，所以需求曲線會有斜度，但供給曲線會在某一點變成垂直。

有斜度是因為即使薪資便宜，人們仍有工作需求，但垂直的情況則是因為勞動人口是固定的，也就是說**僱用的供給量是有限的。**

如果，勞動需求和勞動供給完全一致，需求曲線會和供給曲線在 a 點交叉。這是沒有任何一位失業者的狀態。

從這一點開始，勞動需求會提高，需求曲線越是往右移動到D′、D″這種情況，薪資越會急速上升到P′、P″這種情況。變成所謂的「有工作但人手不足」的狀況，所以薪資會大幅猛烈提升。

但是，實際上並不是這樣發展。大部分的情況，需求曲線會在更左邊（D‴），需求曲線和供給曲線的交叉點 b 和勞動人口變垂直的點 a 之間會產生差距。

這個差距就是失業者的人數。而且薪資會比勞動需求和勞動供給一致時還要低（P‴）。

圖30 失業率

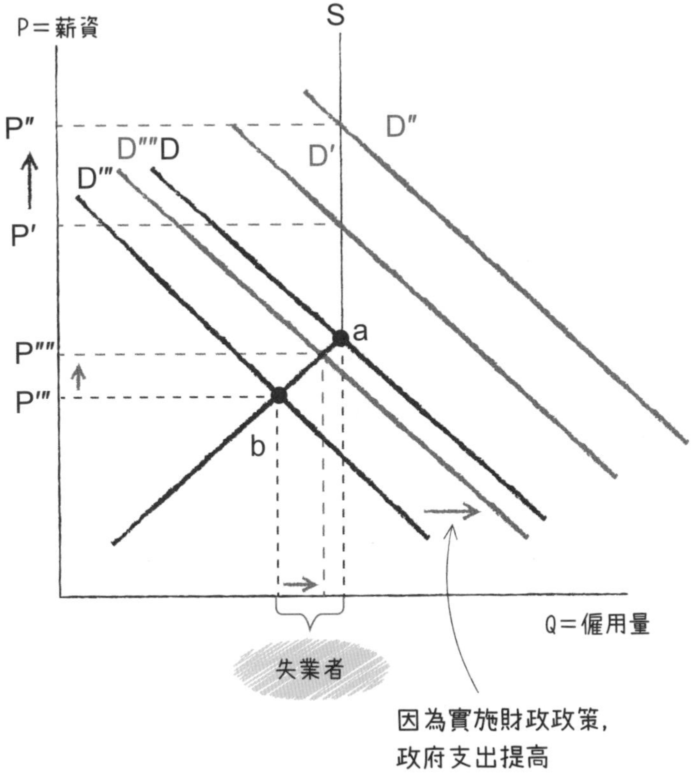

勞動的需求曲線越往右移動，
薪資越提高！

要改善這種狀況，應該怎麼做才好？

在此也須思考**財政政策和貨幣政策**。

透過財政支出增加公共投資是有效方法之一。

公共事業增加，政府支出就會增加。於是勞動的需求曲線會往「D''''」移動，僱用量會增加，薪資也會跟著增加到「P''''」，就是這麼簡單。

另一方面，還有採取貨幣政策的方法。

這個之後會再詳細說明，**在經濟嚴峻時，中央銀行和政府進行政策協調後，會採取貨幣寬鬆政策**。

貨幣寬鬆有降低市場利率的作用，企業就容易從銀行借錢。企業從銀行借錢後，會進行設備投資。

「設備投資」是指重新建造新的工廠等設施、引進新機器時要花錢，所以在此也可以預估勞動需求會提高。

總之，失業率的問題，也是需求和供給的應用。

其他各種情況也都能套用，如果養成習慣去思考「這應該會成為怎樣的供需曲線？」，應該很快便能運用在生活中，遇到問題時，**「P是什麼？Q是什麼？需求曲線要怎麼畫？供給曲線要怎麼畫？」便能自行描繪需求和供給的圖形。**

歸根究柢，貨幣政策和財政政策哪一種比較好？

「財政政策」是讓「政府增減要花用的金錢」，操作總需求曲線。
「貨幣政策」是根據政府的方針，「中央銀行去控制在市場流通的貨幣量」，操作總需求曲線。

一言以蔽之，這就是經濟政策。也就是說，雖然最後會得到相同效果，但是有多種手法可以選擇。

那麼，要說什麼是最好的，這就會根據當時的社會狀況而有所差異。

所以，政府必須去瞭解消費者心理是怎樣？企業投資有多活躍？外匯和進出口的狀況是怎樣？多元思考再做出判斷。

以日本政府為例，**政府支出是根據公共投資等情況，增加有效需求（確實產生金錢往來的需求）的手法**。

這就像在市場上直接給錢的情況，**可以期待立即生效**。

但是，在浮動行情制的情況下，外匯有時會因為財政政策的緣故，而傾向日圓升值。

為什麼會發生這種情況？是因為產生以下這種連鎖反應的緣故。

增加政府支出，就是增稅，作法是從民間徵收金錢，或是發行新的國債，從民間借錢。

一旦大量發行新的國債，國債的利率就會提高。詳細情況會在第4章說明，總而言之，就是會產生「買日本國債就會獲利」的狀況。

要是如此，在國內外「想買日本國債」的人當然就會增加。日本國債當然是以日圓為基準，所以外國人會想要將貨幣換成日圓，購買日本國債。

一旦日圓的需求像這樣子提高，正好就會因為「需求和供給」的關係，使日圓價值上漲，變成日圓升值的情況。

但是，如果變成日圓升值，接下來出口就會減少，阻礙總需求。這是因為如同前面曾說明的，總需求包含「出口」在內。

總之，為了將總需求曲線往右移動而採取的財政政策，相對卻會在另一方面呈現出阻止其變化的作用，造成整體加總而言，有時看起來好像沒有出現效果。

話雖如此，如果充分實施之後會提到的貨幣寬鬆，即使發行國債，利率也不會提高，所以不會變成出口減少那種日圓升值的情況，就會發揮財政政策的效果（一旦實施貨幣寬鬆，利率就不會提高，如果利率不提高，就不會變成日圓升值的情況，請大家仔細閱讀下一章，便可理解這種結構）。

另一方面，**貨幣政策可以控制市場上流通的貨幣量**。

我們人民如果擅自印製鈔票，是犯罪行為，但中央銀行可以說是因為「要滿足需求，就能想增加多少貨幣就增加多少貨幣」。

雖說如此，但這也是比喻而已，中央銀行加印紙鈔，並不是要在市場上散財。

實際上是要透過民間金融機構，使貨幣一點一點漸漸地在市場上流通。

出現這個效果的時間點，大約是半年到兩年後。

財政政策和貨幣政策的手法不同，出現效果的速度就會不一樣。

經濟牽涉到國內外各種要素，所以即使期待某種效果，有時仍會出現因為意想不到的反射作用，而抑制效果的情況。

雖然基本觀念很簡單，但實際執行沒有那麼單純，這點也請大家好好記住。

Column

貨幣政策和財政政策都沒有極限

在經濟學書籍當中，很多書都會安排一定篇幅，來討論貨幣政策和財政政策的「極限」，但是**從結論來看，兩者不論哪一種，都沒有極限**。

歸根究柢，貨幣政策（貨幣寬鬆）和財政政策（財政支出）都是在「增加貨幣」。

增加貨幣的權限在政府和中央銀行手中，所以只要政府打算「增加」，就能持續增加（增加的方法會在下一章詳細說明）。

想要增加貨幣就能儘量增加，是多麼美好啊。但既然沒有極限，是否會覺得只要不斷實施政策即可？但這也是錯誤的想法。

因為**如果總需求曲線過於往右移動，下次通貨膨脹的情況就會變得更嚴重，最後我們就會嘗到苦頭**。

在安倍經濟學出現之前，日本在幾十年間一直為通貨緊縮的問題而苦惱。所以大家只會頻頻大喊：「擺脫通貨緊縮。」當然，並不是越傾向通貨膨脹就越好。

最重要的是平衡。

不論是個體還是總體，需求曲線和供給曲線在「剛剛好的點」交叉，就能使我們的生活富裕安穩。

貨幣政策和財政政策都是為了要引導到那個「剛剛好的點」的一種方法。

如果有需要，只要去實施政策即可，但是因為必須要到「剛剛好的點」，關於這件事是沒有極限的，所以加減斟酌才變得如此重要。

真正的問題不是「可以做到什麼程度？」而是「要做還是不要做？」如果要做，「要做到什麼程度？」

第3章

充分理解並不難！探討「中央銀行和經濟」的關聯性

——貨幣政策是一場「利率」和「貨幣量」的蹺蹺板遊戲

「利率」是貨幣政策的核心

為了理解貨幣政策，首先必須從「何謂利率」開始說明。**所謂的「利率」，可以理解為「借貸金錢所產生的報酬」**。

舉例來說，銀行使用你存放的錢去投資，從中獲得投資收益。你將錢「借給」銀行，銀行存款產生的利息，就可以說是那筆錢的報酬。相反地，如果你透過房貸借錢，你就是支付利息者。也就是說，銀行會從你那裡收回比借款金額還要多幾％的利息，作為借錢給你的報酬。

這個利率到底是誰決定的？

首先，試著思考沒有中央銀行，只有民間存在的世界吧。需求和供給的觀念在此也非常重要。

利率可以說是**貨幣的「價格」**，所以請大家想像**縱軸是利率，橫軸是貨幣量這種需求供給圖。在這個需求和供給的狀態下，會決定利率的多寡。**

這就是一開始必須事先理解的基礎。

在此，以日本為例，加入中央銀行（以下簡稱央行）這個角色吧。央行能決定貨幣的供給。這麼一來，由央行和民間一起進行的貨幣供給，央行所擔任的角色無疑是相當重要的。

那麼，以現象來看，利率是每家金融機構決定的，但是不論在哪一家銀行，利率都沒有什麼不同。

這是因為**央行決定的「政策利率」會成為基準值**的緣故。

在這種意義上，若要追溯源頭，也可以說**「利率是由央行決定的」**。

在此能說利率是由央行決定，是因為央行透過貨幣供給，掌握了決定性的任務。

那麼，所謂的「政策利率」，是什麼樣的利率？

利率分為「短期利率」和「長期利率」。

舉例來說，房貸有二、三十年等類型，而國債也有一年期、十年期、三十年期等類型。長期利率有各式各樣的種類，但是**基本上償還期間（還清為止的期限）是一年以上的，就稱為「長期利率」**。

也就是說，短期利率基本上是未滿一年的，但只講到這個部分無法解決問題。

民間金融機構在央行擁有支票存款帳戶*，有義務在那裡存入一定額度的金錢，稱為**「法定準備金」**。

但是在央行的支票存款帳戶餘額，會因為每天的交易有所變動。有時甚至會出現差點要動用法定準備金的情況。

如果變成那種情況，金融機構就會立刻向其他資金充足的金融機構借錢，填補法定準備金。

這裡經常使用的，就是**只能在金融機構之間提供資金的「無擔保隔夜拆款利率」**。這就是**「今天借明天還」**的意思，總之，**就是償還期間只有一天的超短期利**

率。

回歸正題，**「央行操作的政策利率」**，**指的就是這個超短期利率的「無擔保隔夜拆款利率」**。

央行根據貨幣政策控制在市場上流通的貨幣量。

實際改變市場貨幣動向的是長期利率。如果設備投資和房貸的利率下降，企業和個人就容易借錢，大量貨幣就會開始在市場循環流通。

不過，**央行無法直接操作長期利率**。

當然，如果操作短期利率，長期利率也會變動。

但是，實際上長期利率會變成多少？將來的物價變動和市場預想之類的問題，在此刻會深受不確實的要素影響。

所以，**央行會採取以下手段：先操作超短期利率，也藉此間接地操作長期利率**。

＊為支付支票或票據而開設的帳戶，基本上無利息，支取時一定要使用支票或票據。

央行會密切觀察市場景氣，決定**「政策利率」**。

舉例來說，假設遇到景氣惡化的情況，央行要降低政策利率。民間金融機構就可以從央行和其他金融機構那裡，以更便宜的利息籌措資金。

於是，民間金融機構借錢給企業和個人時，就會打算降低利率，增加融資。

對打算借錢的企業和個人而言，就是「順水推舟」的情況。他們就會以更便宜的利率借錢、申辦貸款、進行設備投資。

透過這種方式，**從政策利率衍生出來的長期利率會間接下降，就會有比以前更多的貨幣在市場上流通**。

這會成為景氣好轉的巨大推動力。

若政策利率變動，民間的利率也會變動，指的就是這種產生連鎖反應的情況。

「利率」和「貨幣量」是一體兩面的關係

市場上的利率和貨幣量，經常是一體兩面的關係。

一言以蔽之，**如果利率下降，貨幣量就會增加（如果貨幣增加，利率就會下降），而且利率上升，貨幣量就會減少（如果貨幣減少，利率就會上升）。**

總而言之，這種情況也只要試著套用供需曲線就能理解。

如同第1章所說的，「商品價格和數量是聯動的」，需求和供給的原則也適用於「利率和貨幣量的關係」。

在這種情況，P是「利率」，Q是「市場上流通的金錢數量（貨幣量）」，需求曲線就是「市場上的貨幣需求」。

做成圖表，就如【圖31】所示。

在此，請大家在腦中回想基本的需求和供給的關係。

如果提高價格，需求就會減少、數量會減少，如果降低價格，需求就會提高、數量會增加。

如果將此套用在利率和貨幣量的情況，應該**就能理解，利率下降，市場上的貨幣需求就會增加，貨幣量會增加。**

為什麼會變成這樣？答案很簡單。

如果利率下降，更多人就會開始借錢。

也就是說，市場上會需要用到那麼多的貨幣。央行會根據市場上的貨幣需求來決定印製鈔票的數量，所以利率下降，貨幣量就會增加。

相反地，如果利率上升，借錢的人就會減少，所以市場上的貨幣需求會減少，貨幣量會減少。

央行無法直接修改市場上的貨幣需求。

所以，貨幣政策的供需曲線會如【圖31】所示，利率只會在需求曲線上上下波動。

圖31　利率和貨幣量

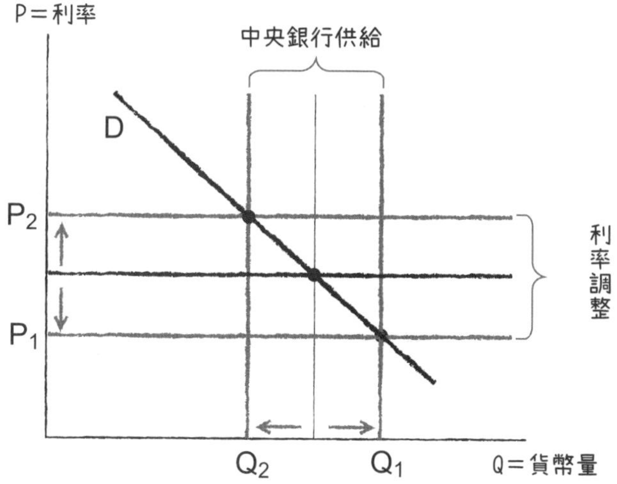

現在說明的是，操作P（利率）藉此操控Q（貨幣量）的方法，但是也有操作Q來操控利率的手法。

那就是【圖31】中，垂直畫出來的「央行供給」，也就是央行供給貨幣。

雖說如此，但也只是處理方向不同，結果沒有任何改變。

央行供給如果往右移動，利率就會下降。試著思考一下，就會覺得這種情況很正常。

可以將利率想成「出借金錢者的價值」。

央行如果增加貨幣（實施量化寬鬆。134頁會介紹），民間金融機構的資金（在央行的支票存款帳戶餘額）就會變成利潤。

光是有錢也無濟於事，所以民間金融機構會想要把錢借出去。這就是相對於「想要借錢」的需求，「想要把錢借出去」的供給，比以前增多的情況。所以，出借金錢者的價值（利率）會下降。

相反地，如果民間金融機構的資金減少，這次就是相對於「想要借錢」的需求，供給是減少的，所以供給方的價值就會提高。換言之，就是利率會提高。

總之，利率和貨幣量也是在探討需求和供給之間的關係。

所以，如果從新聞等管道聽到「央行實施量化寬鬆」的消息，只要想成「啊！利率下降啦！」就好了。

這樣應該可以理解**「利率和貨幣量是一體兩面的關係」**的意思吧。

央行會從利率或央行供給當中擇一操作，藉此調節市場上流通的貨幣量。

以【圖31】來說，就是要讓垂直線移動，或是要讓平行線移動。

也就是說，**差異就只在於要減少、增加市場上的貨幣，是要實施利率調整，還是要實施央行供給調整。**

為了繼續探討，必須了解「實質利率」

如果政策利率變動，民間的利率也會變動。

到此為止大家應該都能理解。

但這只說明了利率的一半內容。

為了順利理解之後要討論的東西，希望大家再多加點油。

央行決定的政策利率是「名目利率」。如同念出來的那樣，就是**「名義上的利率」**。也可以說是**「票面利息」**。

那麼，**有「非名目利率」嗎？答案是有的**。

此處就是重要關鍵。

不是名義上的利率，也就是實質上的利率，一般將此稱為「實質利率」。要說哪一部分是「實質」？那就是有考量到「物價上漲率（通貨膨脹率）」這一點。

如同大家所知道的，物價會變動。

所謂的「物價」，就如同先前專欄也說明過的，因為是「根據商品和貨幣數量的平衡而決定的商品價值」，所以如果將觀點反過來，物價變動也可以說是「貨幣的價值在變動」。

舉例來說，「100元會有1％的利息」，但如果這個100元的價值改變，利息1元的價值也會改變。如果物價上漲，之前可以用利息1元購買的東西，現在可能就無法購買。

若終究**只是票面的名目利率，就無法完全掌握這個「價值的變動」**。

所以出現的就是「實質利率」＝名目利率－通貨膨脹率（預設通貨膨脹率）這

☆實質利率＝名目利率－通貨膨脹率圖（預設通貨膨脹率）

①名目利率為2%，通貨膨脹率為1%
→實質利率＝2－1＝1%

②名目利率為1%，
通貨膨脹率為－0.5%（通貨緊縮狀態）
→實質利率＝1－（－0.5）%＝1.5%

③名目利率為0%，預設通貨膨脹率為2%
→實質利率＝0－2＝-2%

種觀念。

如此一來，會發生什麼情況？試著觀察上圖的計算內容吧。

你發現了嗎？即使名目利率有2%，根據物價時刻的動向，實際上也會變成1%，即使名目利率有1%，實際上也會出現1.5%的情況。

此外，像第③個例子那樣，有時實質利率也會變成負數。

即使名目利率是0%，如果「預設通貨膨脹率」很高，實質利率也會變成負數。

特別是要理解日本近十五年來所實施的貨幣政策，這個部分絕對是不可或缺的重點。

這些在接下來的內容再詳細說明吧。

為達成「通貨膨脹目標」而進行「量化寬鬆」

利率降得越低，要借錢的人就會越多，在市場上流通的貨幣就會增加。

也就是說，**作為通貨膨脹造成的不景氣時的貨幣政策，尤其是降低利率這個方法**，可以說是**恢復景氣的關鍵**吧。

所以**最重要的就是，能夠降低實質利率的預設通貨膨脹率**。

如同前文所說明的，如果提高預設通貨膨脹率，實質利率就會下降。

那麼，預設通貨膨脹率，要怎麼做才能提高？

關鍵就是**「通貨膨脹目標」**和**「量化寬鬆」（Quantitative casing）**。

中央銀行所宣告的未來目標通貨膨脹率，稱為「通貨膨脹目標」。

就是宣布「兩年後要達到2％的通貨膨脹」等目標。

但是，**光宣告目標，就只是虛張聲勢的紙老虎，所以要採取達成目標所需的策略。那就是「量化寬鬆」**。什麼是「量化寬鬆」，單純來說，就是**「中央銀行通過公開市場操作，以提高實體經濟環境的貨幣供應量」**。

如前所述，央行可以配合需要隨意增印貨幣。

理論上是沒有極限的。

那麼，因為實施量化寬鬆，資金變成利潤的民間金融機構，就會打算降低利率，積極借錢給企業和個人。接下來，如果市場上流通的貨幣增加，**因為「商品的貨幣量增加」，所以商品價值就會上漲，也就是說「會出現通貨膨脹……」這種「預想」會在社會上蔓延，這就是「預設通貨膨脹率」**。

總之，**「量化寬鬆」就是增加央行支票存款帳戶的餘額，藉此在市場上打造出「接下來會變成通貨膨脹」這種期待，最後降低實質利率的政策。**

順帶一提，量化寬鬆是日本在二〇〇一年第一次使用的手法，也被稱為**「非傳統手法」**。在此之前，央行一直採用降低政策利率、從民間金融機構購買國債（這種作法稱為「買債操作」。以此增加央行支票存款帳戶餘額）這種「傳統手法」。

然而，當時日本經濟已經惡化到以往的手段幾乎無法發揮效果的程度。

儘管甚至將政策利率降低到接近0％，通貨緊縮的情況還是更加惡化。

如同之前說明過的，實質利率是從政策利率扣除通貨膨脹率（預設通貨膨脹率）而來的。在零利率且持續通貨緊縮的情況下，就等同於失去降低實質利率的手段。因為即使是零利率的政策利率，如果通貨膨脹率變成負4％的通貨緊縮狀態，實質利率就會變成4％。

在這已經用盡千方百計的階段，所採用的就是「量化寬鬆」。

然而，令人期待的效果僅有短暫的一瞬間，在二〇〇六年，還沒擺脫通貨緊縮、景氣尚未恢復時，日本政府就撤銷這個政策。

如果更加徹底實施量化寬鬆，日本遭受通貨緊縮和不景氣折磨的期間，應該會更快結束。

總之，從二〇一三年開始，在日本中央銀行總裁黑田東彥的管理下，又再次實施通貨膨脹目標和量化寬鬆政策。

這就是宣告要盡快擺脫通貨緊縮的安倍經濟學承擔的部分任務。

回歸正題。

就像先前所講的，**量化寬鬆是增加民間金融機構在央行的支票存款帳戶餘額的一種貨幣寬鬆手法，最後再提高預設通貨膨脹率，藉此降低實質利率的政策。要理解貨幣政策，就必須先確實理解這個實質利率。**

有些經濟學者經常提出「貨幣寬鬆有極限」這種說法。

這是指名目利率無法降低到0％以下的程度，所以就算下降到0％，也無法發揮更進一步的量化寬鬆效果。

到此為止，若讀者都能理解，想必應該已經明白。

即使名目利率無法在0%以下，透過量化寬鬆，央行可以增加提供貨幣的總額，提高預設通貨膨脹率。

名目利率（政策利率）也是央行決定的，預設通貨膨脹率也是央行決定的，所以要說實質利率也是央行決定的，是一點也不為過的說法。央行的任務就是那麼強大。

在二〇〇一年導入量化寬鬆時，因為政策中斷的緣故，所以效果很有限，但是在安倍經濟學中發揮了出色效果。也就是說，貨幣寬鬆沒有極限，在必要時，隨時可以提升一定的效果。

儘管如此，現在還是有經濟學者不放棄「貨幣寬鬆有極限」的主張，實在是令人難以理解。

他們是在二〇〇一年以前就停止思考？或是不理解實質利率？還是即使完全理解，也因為身為經濟學者的「各種緣由」，不得不無視這種情況？可能是其中一個原因吧。

「負利率」是什麼意思？

二〇一六年一月，日本到處都流傳著「中央行要發布導入負利率」的消息。但是，即使許多人覺得「似乎會發生什麼嚴重的事情」，其實說實在的，心裡想的卻是「話說回來，是什麼利率要下降？」或是「不太懂怎麼一回事」。

從結論來看，**這裡所說的「負利率」，是指民間金融機構所擁有的央行支票存款帳戶的名目利率變成負利率。**

在此，讓我們再稍微深入理解一下央行支票存款帳戶這部分。

到底為什麼民間金融機構有義務要在央行開立支票存款帳戶？還要事先存入法定準備金？這是因為央行支票存款帳戶有以下任務：

・此為民間金融機構之間的交易、民間金融機構和央行的交易、民間金融機構和政府的交易所使用的結帳帳戶。

・企業和個人以此支付在民間金融機構持有的存款帳戶交易。

如果沒有時常存入一定額度的金錢就會很麻煩。

大家應該也有用來支付信用卡之類的交易帳戶吧。應該會事先在帳戶中存入一定程度以上的金額。

和這個情況一樣，央行支票存款帳戶是民間金融機構的交易帳戶，如果沒有存入一定額度的金錢，可能就會無法交易。

對這種情況最有切身感受的，應該就是個人存款的部分。

你存在銀行的錢，會被銀行拿來用在其他個人或企業的投資上。

總而言之，銀行就是靠這個投資收益存活，但是銀行不能將你存入的金錢直接拿去投資。

因為不知道你何時會提出「想要把錢拿回來」、「想要解約」的要求。

如果銀行一拿到公司匯給你的薪水，就運用到投資上，就算你「現款不夠」要去銀行ＡＴＭ提錢，也無法提領現金。

也就是說，**民間金融機構必須要準備好兩方面的錢，就是要還給你的錢，以及要借給個人和企業的錢。**

所以，民間金融機構會在央行支票存款帳戶存錢，作為要還給存錢者的錢。

那麼，既然稱為「存款」，央行支票存款帳戶也會生利息。

日本於二〇一六年一月發表的負利率，就是要將央行支票存款帳戶的超額準備金（超過法定準備金的金額）要支付的利率，照字面那樣「改成負的」。

央行的說明是「這是為了在物價停滯不前的情況下，盡快達成２％的通貨膨脹目標」，那麼這個效果的程度是怎樣？

經過各種討論後，結論很明顯。

偏離焦點的「負利率」批評

「負利率和量化寬鬆互相矛盾。」
「負利率抑制量化寬鬆的效果。」

可能有人在電視或新聞上聽過上述這種說法。雖然大家對經濟新聞有反應是好的，但對這個主題的理解，並沒有什麼幫助。因為很多人都理解錯誤。

「民間銀行不再往央行的支票存款帳戶存錢（負利率會造成損失），所以增加央行支票存款帳戶餘額的量化寬鬆和負利率政策是互相矛盾的。」批評負利率的人如此表示。

但是，這完全偏離焦點。

要說明為什麼偏離焦點？要先說明「**貨幣基數**」這個名詞。

這是「**央行供給到市場上的貨幣總額**」，換句話說，**就是「央行支票存款帳戶＋市場上的日銀券（指日本中央銀行所發行的紙幣）」**。這沒有什麼大不了，只是讓大家理解詞彙。

請大家記住這個定義，再繼續看下去。

如果變成負利率，民間金融機構確實會從央行支票存款帳戶中提領超額準備金，為了**避免「支付利息的損失」**。

其實，**這正可說是央行的目的**。

這是因為民間金融機構放在手邊的資金越增加，在市場上的貨幣就越容易循環的緣故。

只是抱著從央行支票存款帳戶收回來的金錢，民間金融機構的利潤不會提升。

所以要將那些錢放款給民間企業。

但是，如果只有自己維持高利率，沒有人會來借錢。所以全部降低利率，將利率穩定在大致相同的低利率。

於是，企業和個人就容易借錢。

透過這種方式，**市場上的貨幣循環一旦變好，經濟就會活化。如果經濟活化，就會更需要日銀券。央行就會回應這個需求，印製鈔票。**

最後，貨幣基數就會增加。

只要像這樣依序掌握全體動向，應該就能理解**負利率不會和量化寬鬆產生矛盾。**

「央行支票存款帳戶減少，所以會和量化寬鬆產生矛盾」，總之這種說法只能視為連鎖反應發生前的極少數狀況。之所以只因「負」這個語感就造成大混亂，只是因為完全不懂本質的緣故。

但是，民間金融機構的心情是很複雜的。

雖說借給企業和個人的貸款利率降低，但是從企業和個人那裡收到的存款利率，是無法輕易降低的。

因為如果真的降低存款利率，恐怕會有不少人將存款解約，改成「存在家裡」，或是開始自己投資吧。

一言以蔽之，就是**即使收進來的存款利率下降，要支付的利率也無法提升。也就是說，對民間金融機構而言，淨利率會受擠壓**。

雖說如此，這幾年民間金融機構也全都提升了過去最高收益。

似乎也有金融機構接受這次的負利率，將此視為迫不得已的決策而降低存款利率，但在另一個景氣沒有高漲的狀態下，本來就應當承擔一些痛苦。

再次申明，**如果利率下降，企業和個人就容易借錢**。

已經借錢的人，也會以降低後的利率重新借錢，如果償還原本的借款，就會大幅免除本來應該要支付的利息。這種情況稱為**「低利率轉貸」**。

無論如何，降低利率就是貨幣寬鬆的一環。借錢的人絕對有賺頭，而且透過這樣的方式景氣會逐漸變好，所以在市場上有很多好處。

因此，「如果景氣很差，就降低利率」這種貨幣政策的基礎，在此也是不變的理論。

負利率也是貨幣寬鬆的一種作法，和量化寬鬆並沒有矛盾。

順帶一提，就像目前為止說明過的那樣，需求和供給是基礎，但其實即使是目前在職的日本中央銀行審議委員，也會弄錯這些東西。

央行審議委員佐藤裕健提出的說法是：「要將貨幣基數目標以及資產收購目標階段性地減額，換言之，如果處於量化寬鬆減碼（tapering）之際，我認為導入負利率是有意義的，所以我在一月份的貨幣政策決策會議，以這個要點作為反對負利率的理由。」這段話記載於央行在六月二號發表的「北海道釧路市金融經濟討論會致詞要點」的資料中。

所謂的「減碼」，一言以蔽之，就是縮減量化寬鬆的規模。

換句話說，審議委員佐藤裕健所說的是，在央行結束貨幣寬鬆之際，如果實施負利率，貨幣基數的量額就會減少，所以負利率不是用於實施貨幣寬鬆的此刻，應該在結束貨幣寬鬆時使用。

如果變成負利率，銀行就會想要提出：「減少貨幣基數」這種作法吧。換言之，就是「貨幣基數的需求會減少」。

的確，需求減少（需求曲線往左移動），利率就會下降。

但是，身為央行審議委員，如果提出：「要減少貨幣基數」，那就會變成「由央行減少貨幣基數供給」的情況。

如前所述，「貨幣減少，利率就會下降」，如果由央行減少貨幣基數的供給，利率就會上升。也就是說，根本無法達成負利率。要勉強做到負利率，只會劇烈增加貨幣基數的供給。

「縮減貨幣寬鬆的規模」，會造成通貨膨脹。

正因為如此，明明是想要停止貨幣寬鬆，但要是採用審議委員佐藤裕健所說的「在貨幣寬鬆結束時期導入負利率」這種作法，就會變成在通貨膨脹的狀態下火上澆油。

日本央行審議委員佐藤裕健將需求和供給，更進一步地說，是將貨幣供給量和利率變動的聯動性混為一談。

貨幣寬鬆＝朝向貨幣貶值的政策

之前說過：「在日本，實施量化寬鬆會造成日圓貶值」，但是匯率到底是如何決定的？大家知道答案嗎？

這個答案非常簡單。試著以美元和日圓來思考吧。

首先，**匯率是以「交換比率」來決定**。

可能從字面上來看，會覺得很困難。總之，這跟**交換商品和貨幣是完全一樣的情況**。

也就是說，**只要用決定物價的相同架構來思考，就能理解匯率**。

但是，在此述說的情況，若以長久眼光來看就會成立，所以不能將這個原理用於明天和半年以內的匯率預測。

老實說，在半年以內的短期市場，匯率動向幾乎接近無規則的狀態。大概只有神明或超能力者有可能正確預測吧。

前面已經說明過，物價是透過商品和貨幣的平衡來決定。

商品需要支付的貨幣變多，就會變成通貨膨脹，商品需要支付的貨幣變少，就會變成通貨緊縮。**透過商品和貨幣的平衡，兩者的價值會產生變化。**

也就是說，**商品要支付的貨幣變多，貨幣價值就會下降，相反地，商品要支付的貨幣變少，商品價值就會下降。**

只要試著將這個概念換成美元和日圓的情況即可。

舉例來說，如果日本中央銀行實施量化寬鬆，日圓當然就會增加。相對於美元，日圓會變多，所以日圓價值會下降，於是就會變成日圓貶值。

如果日圓貶值，因為出口會增加，這就會成為總需求曲線往右移動的一個因素。

此外，即使不實施量化寬鬆，貨幣寬鬆政策最後也會增加市場上流通的貨幣，也就是日圓的數量。

所以，**可以想成，貨幣寬鬆本身就是轉而朝向日圓貶值的政策。**

像這樣以交換比率決定的匯率，如果從長久眼光來看，其實可以透過簡單的計算來預測。

以日圓和美金的匯率來說，可將日圓貨幣基數除以美元貨幣基數，就能大概知道1美元相當於多少日圓。

如同大家所知道的，匯率每天都會變動。

以現在所說的除法去算，無法掌握所有的小變動，但**就長期觀察來說，「匯率」是貨幣基數之間的除法，能夠事先掌握變動就不會有損失。**

那麼，**短期匯率又是如何決定的？關鍵正是貨幣的需求和供給。**

大家常說：「集中買進日圓後，會變成日圓升值的情況」之類的，雖說是「買進日圓」，也不是某人交出一疊美金紙鈔，「買了」日圓一疊紙鈔。

實際上，**央行是將美金換成日圓，購買以日圓為基準的資產。**

大部分的情況是購買**國債**。舉例來說，**賣出美國國債，購買日本國債，就稱為「賣掉美元買進日圓」**。

所以，可以想成**每天的匯率變動，是以「有多少以美元為基準和以日圓為基準的資產在買賣？」這種平衡來決定的**。

將日圓對美元的價值套用在供需曲線上，如【圖32】所示。

透過日圓的需求和供給的平衡來決定日圓價值，所以P是「美元／日圓」，Q是「外匯成交額」。

舉例來說，假設大量賣出美元，買進大量日圓。

日圓需求就會上升，所以日圓的需求曲線會往右移動。相對地，日圓價值會提高，就會變成日圓升值美元貶值的情況。

在外匯市場中，對於各種貨幣的需求，每天都是無規則增減的。

所以，最好是想成在這個需求曲線中，相較於供給曲線，需求曲線每天都會小小移動。這個需求曲線的動向會偏向哪邊？並沒有明確的規則性，就像擲出去的骰子點數一樣。從這個意義上來說，就是前面所提的無法進行短期預測。

供給曲線變動，是在國家的中央銀行實施貨幣政策之際。如同之前說明過的，

圖32　外匯的需求供給曲線

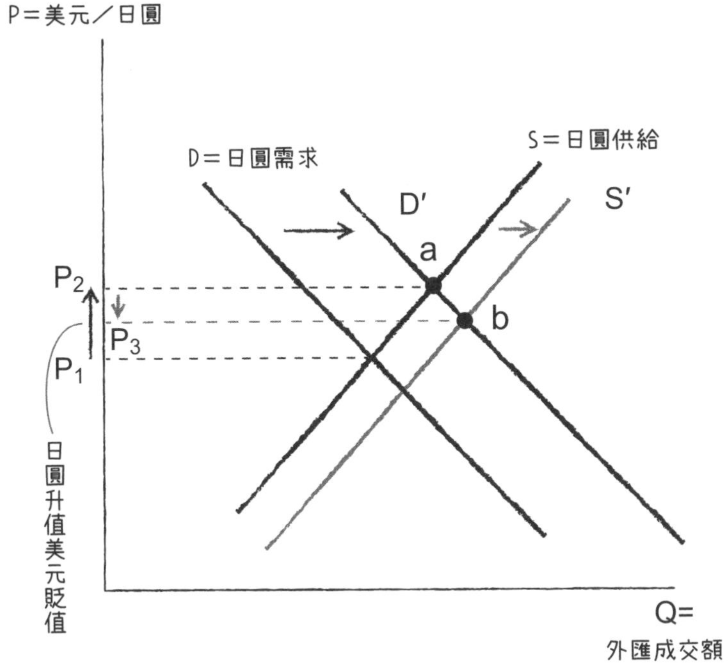

如果實施量化寬鬆和降低利率這種貨幣寬鬆政策，該國的貨幣就會增加。

舉例來說，如果日本央行實施貨幣寬鬆，【圖32】的供給曲線就會往右移動（S′）。

如果是在每天買進日圓的情況增加，需求曲線持續往右移動，日圓升值美元貶值的點將從P_1移至P_2之際，實施貨幣寬鬆政策，需求和供給交叉的點便會從a往b移動，P_2則變到P_3，就能緩和日圓升值的情況。

相反地，例如當美國政府購買大量日本國債，就會推升日圓需求，變成日圓升值、美元貶值。

像這樣**為了維持本國的外匯理想行情，而買賣國債、操作貨幣需求的情況，稱為「干預外匯」**。

二〇一二年六月二十三號，英國國民投票決定脫離歐盟時，便因為對歐元沒信心，使買進日圓的情況增加，日圓短時間升值高達1美元兌99日圓，當時日本政府和中央銀行就召開緊急會議，展現甚至不惜獨立賣出日圓買進美元的干預外匯姿態。

Column

「長期利率」會受市場預測影響

之前已經說明過，中央銀行操作的政策利率只有超短期利率，長期利率會受將來的物價變動和市場預測影響。

然而，即使聽到央行透過貨幣政策調降利率的消息，幾乎也沒有人會想到這是切身問題吧。因為政策利率本身，是和央行和民間金融機構、民間金融機構之間的交易有關，和我們一般人沒有直接關係。

但是，就如同目前為止所看到的，**貨幣政策確實會為我們的生活帶來波及效應**。因為這是為了改善經濟狀況而實施的貨幣政策，如果說沒有任何影響效應，反而很奇怪，相信大家應該都能充分理解這種情況。

在此更進一步地討論，讓我們來觀察短期利率和長期利率的關係。

假設短期利率是一年期，長期利率是二年期，二年期利率就會受「一年後的預期一年期利率」影響。

假設央行調降政策利率，短期利率全都下降，大家會如何看待這種情況？有人會如此預測：「已經下降到這種地步，所以明年會上漲。」應該也有人會這樣預測：「已經下降到這種地步，所以還會再下降。」

如果預測一年後的一年期利率和現在的一年期利率一樣，現在的二年期利率和一年期利率就不會改變。

但是，如果預測一年後的一年期利率低於現在的（這種情況稱為「預估未來行情看跌」），現在的二年期利率就會比現在的一年期利率還要低。

相反的，如果預測一年後的一年期利率高於現在的（這種情況稱為「預估未來行情看漲」），現在的二年期利率就會比現在的一年期利率還要高。

稍微通曉數學的人，或許透過下方算式來思考會比較容易理解。

$$(1+r_2)^2 = (1+r_1)(1+r_1)$$

$(1+r_2)^2$ → 二年期利率

$(1+r_1)$ → 一年後的一年期利率

$(1+r_1)$ → 一年期利率

綜上所述，**長期利率會根據貨幣市場（銀行等借貸金錢的地方）的行情判斷來決定。**

舉例來說，現在正實施負利率政策。隨著這個情況，十年期或二十年期的長期利率也大幅下跌，但是沒有到達負數，大約是1％。

這反映出一個預測結果，那就是「像現在這樣的低利率，應該不會持續到十年後或二十年後」。

負利率會形成整體利率水準降低，所以對借貸資金的人是有好處的，但是對放款的銀行而言，會變成收益減少的情況。所以銀行會想要透過種種辦法來賺錢。

比如在銀行販賣的投資信託或保險的手續費。在投資信託和保險的利率接近0％的狀態下，手續費經常貴得驚人，老實說無法推薦大家購買這些東西。

此外，必須提醒那些談到負利率，就會說：「連存款利率好像都會變成負數」的人。如果存款利率變成負數，最好還是不要存在銀行。

存錢與否是存款人的選擇，所以存款利率變成負利率的情況，基本上應該不會發生。

事先掌握這種冷知識，對市場的看法應該會變得更加敏銳。

至少和那些在電視上發言保中的人相比之下，更能培養準確性高出很多的觀念。

第4章

知道這些超有用！探討「政府和經濟」的關聯性

——財政政策就是政府如何「徵收」、「借用」、「分配」金錢

直接操作總需求的「財政出動」

所謂的「財政政策」，是指「政府決定要使用多少錢」。
一般將擴大支出稱為「財政出動」，縮小支出則稱為「財政緊縮」。

「財政出動」舉例來說，就是對公共事業的投資。

如果實施財政出動，總需求曲線就會往右移動，實施財政緊縮，總需求曲線就會往左移動（寬鬆、經濟刺激政策）。這是因為如同前面也說明過的，總需求除了「民間支出」之外，還包含「政府支出」。

一般消費者如果花用大量金錢，會增加總需求，這點大家應該都瞭解吧。

和這種情況一樣，政府也是需求者，換言之就是消費者的一部分，和總需求增減有直接關係的當事人。

政府親自進行投資，可以想成「消費者購買商品的情況」。所以，**財政出動會直接操作總需求。**

但是，這也是搞錯處理分寸，反而會導致景氣惡化的政策。

因為會發生下述情況：

如果政府過度實施財政出動，民間活動會受限制，最後民間支出會減少，總需求就不會往右移動。

政府作為需求者過於幹勁十足，就會阻礙民間支出。

為什麼會發生這種情況？

因為如果想要增加政府支出，就只能從民間徵收金錢。這樣一來，就要增稅或是發行新的國債。

增稅會壓迫民間支出，這以個人實際感受而言，應該也能想像得到吧。

雖然想將手中的錢花用在各個方面，但是其中一部分以稅金方式被徵收，能使用的金錢就會減少。

這是發生在日本全國的情況，所以總需求曲線會往左移動，物價和實質GDP都會下降。正可說是一種反效果，無法稱為「好的財政政策」。

那麼，為什麼發行新的國債會壓迫民間支出？就是會發生以下這種情況：

如果大量發行國債，國債利率就會上升。

嚴格來說這是指國債的「收益率」會上升。

「收益率」可說是針對國債金額的利潤率。

舉例來說，假如「10萬日圓的一年期國債」的利率是10％，一年後期滿，10萬日圓的本金會生出1萬日圓的利息。在這種情況，收益率就是10％。

可能會覺得這很正常，其實**國債的市場價格會根據需求和供給改變。如此一來，收益率也會改變。**

政府如果大量發行國債，對於「想要購買」國債的人而言，國債的供給會變多，所以價格會下降。

但是，國債的利率，是要支付票面金額上的。也就是說，發行許多「10萬日圓的一年期國債」後，國債價格跌落，即使用9萬日圓購買，如果利率是10％，利息就要以國債票面金額的10萬日圓來支付。

在這種情況，本金9萬日圓會生出1萬日圓的利息。

支付10萬日圓，得到1萬日圓的利潤時，收益率是10％，但支付9萬日圓得到1萬日圓，收益率就變成11％。

綜上所述，**國債的收益率會根據國債的市場價格而改變。**

那麼，發行大量國債導致國債價格下跌，收益率上升，會發生什麼情況？那就是民間的放款利率也會上升。

這是因為民間金融機構，也會受國債的收益率影響（可以想成所有**貨幣市場一起連動，與中央銀行和國家有關的利率，全部都會影響民間金融機構的利率**）。

於是，企業和個人借錢就會變困難，民間經濟活動會受限制。

像這樣發行大量國債，最後會輾轉壓迫民間需求。

這種現象稱為「排擠效應」。

財政政策的拿捏，既是毒藥也是解藥

像這樣無論是增稅還是發行國債，如果實施財政出動拿捏錯誤，非但不會使總需求曲線往右移動，反而可能產生反效果。

順便補充說明，日本國債的收益率如果提高，國外投資者「想要購買」的人也會逐漸增加。如此一來，就會促進前面所說的「買進日圓」的情況，造成日圓需求高漲，導致日圓升值。

日圓升值會抑制出口，所以在這個階段也會變成民間支出受壓迫的情況。

倘若如此，不要實施財政出動比較好嗎？答案也並非如此。

應該實施？還是不應該實施？都要根據民間經濟活動來決定。

在民間企業積極進行投資時，政府如果想要大力實施財政出動，難得在民間持續高漲的投資熱情就會冷卻下來。從民間企業的角度來看，就是「不要做多餘的事情」。

在這種時候，政府最好什麼都不要干涉。像高度經濟成長期，正是這種好例子，實施財政出動就會受到批評。

政府實施財政出動時，必須連會給民間經濟活動帶來的影響都要考慮進去，再做出決定。就像日本直到幾年前為止那樣，景氣低迷、民間企業投資不活躍時，正是財政出動的出場時刻。

本來民間投資就不積極，所以即使政府積極投資，也毋須擔心會阻礙民間支出。不如說實施財政出動，會成為讓總需求曲線往右移動的契機。

舉例來說，民間企業在控制僱用情況時，會有提高勞動需求、提供失業者工作的效果。迅速使總需求曲線往右移動，就會降低失業率。在消除通貨緊縮壓力上，可說是一種好手法。

像這樣在民間經濟活動不活躍時，透過財政出動提高總需求，就可稱為好的財政政策。

在此複習一下，如果總需求往右移動，「P＝物價」和「Q＝實質GDP」都會提高。換言之，就是會擺脫通貨緊縮，景氣變好。

這正可說是日本幾年前超級通貨緊縮時期的必要政策。

政府花錢好，還是民間花錢好？

在前文曾經說過，增稅會降低總需求。

但是，所謂的「財政出動」，原本就是政府為了投資而增稅，所以也有一種看法是，如果政府將增稅部分使用於投資上，那就沒有問題。

但要說真是如此嗎？也是值得懷疑的。

這單純是**「民間花錢和政府花錢，哪一邊比較有好處？」**的問題。

回顧過往情況，答案**必定是民間**。

民間企業為了產生利潤，為了生存而花錢。正因為如此，對資訊會很敏感，而且想法更是多元。

但是，政府是為了花錢而花錢。資訊和想法都很缺乏，容易蠻不在乎地進行完全偏離主題的投資。

極端的說，這就是最大的差異。所以，在公共投資上，一定擺脫不掉「亂花錢」這種批評。

事實上政府花錢不會發生什麼好事的實例，在過去多得是。

以花錢方式來說，民間比政府聰明得多，而且「打擊率」很高。

要是如此，政府透過增稅從民間徵收金錢，再由政府投資到民間，在某種意義上，這可說是非常愚蠢的事情。換句話說，因為這是不太清楚花錢方式的政府，徵收了民間精打細算想要好好運用的金錢，以不清不楚的方式花掉。

覺得政府很聰明的人會說：「如果政府使用從民間奪取過來的部分，總需求就會提升」，但並沒有這種效果。

政府支出非但沒有超過從民間奪取的部分，應該甚至無法填補奪取部分。也就是說，比起新產生的政府支出，受壓迫的民間支出會變更大，最後反而會造成總需求下降。

所以根本不用說，**在民間經濟活動活躍時，政府最好不要進行干涉**。政府要花錢，必須趁民間進退兩難的時候。如果政府奪取民間還在猶豫、不知如何運用的錢來花掉，總需求就會上升。

說到底，儘量不要實施造成民間痛苦的增稅政策，就是最好的辦法。此外，發行新的國債，也會帶來日圓升值的風險。

即使如此，若還是需要實施財政出動，只要使用我在大藏省時發現的「埋藏金（指日本政府歷年特別會計結餘款）」即可。將這個「隱藏資產」用在公共投資等方面，透過追加在現有民間支出的形式，就能增加政府支出。不會有因為增稅而壓迫消費的風險，也不會有因為發行新國債導致日圓轉而朝向升值的風險，可以使總需求往右移動。

關於提高消費稅，我的看法

不論是什麼情況，增稅都會給景氣帶來不良影響。

令人生氣的，是那些提出：「即使提高消費稅，景氣也不會變差」的學者。

如果真的是經濟專家，應該知道增稅會壓迫民間支出。

儘管如此，他們還是成為想要增稅的財務部「走狗」，宣稱：「即使增稅，景氣也不會惡化。」

如果實際增稅後被指責：「景氣不是惡化了嗎？」，他們偏偏還要辯解：「即使短期來看是惡化，但長期來看也有好處。」

這種說法正是藉口。**到底「長期」，是指多長的跨距？**

舉例來說，假設因為增稅導致景氣惡化，經過了三十年，好不容易才好轉。飽嚐增稅的苦頭，因為之後的完善經濟政策和民間的努力擺脫不景氣，難道他們要說：「這都要多虧三十年前的增稅」嗎？

忍不住令人質疑他們身為學者的良知。

說起來，必須要好好注意那些老是將「長期」掛在嘴邊的經濟學者。**凱因斯曾留下一句名言：「長期而言，我們都死了。」**

贊成增稅的人經常提出的邏輯是，「為了矯正世代間的差距，消費稅增稅是必要的。」

他們的主張如下：

正朝向超高齡化社會的日本，貧窮的年輕人、富裕的老年人這種結構已經固定下來。而且，仰賴年金生活的人免繳所得稅，另一方面，年輕人除了所得稅之外，還有年金保險費這種沉重負擔要繳納。這樣會很不公平，所以只要提高從大家身上平等課稅的消費稅即可。

但是，**正因為有差距，所以提高從大家身上平等課稅的稅金，無法矯正差距。對富者而言是不痛不癢，但對窮者而言，即使是提高一點點的稅金，也會影響生活。**

這就是消費稅的情況。

儘管如此，這種為了矯正差距而提高消費稅的說法，就是一種迫不得已的歪理。

不管是世代間的差距，還是其他情況，如果要矯正差距，只要提高所得稅即可。

我雖然經常倡導「反對增稅」，但並非否定所有的增稅政策。

如同大家所知道的，所得稅是累進課稅，是多賺錢的人繳交更多稅金的結構。**「從有的地方拿更多，從沒有的地方拿更少」的徵收稅金制度，在所得分配這個意義上是合情合理的。**透過整個市場互相支撐，換言之是一種「友善的稅制」。

累進程度要怎麼做，是每個人的喜好，很難有正確答案，然而這只能大家一起討論後再慢慢決定。

世界上有貧窮的老年人，自然會有富有的年輕人。**主張提高消費稅者所說的「世代間的差距」這種設定，首先就是很奇怪的一件事。**

如果真的要聚焦在矯正差距，不論是老年人還是年輕人，從富人身上徵收更多的稅金，從窮人身上徵收更少的稅金，會比較容易矯正差距。

我認為這種情況，相信讀者都能理解。

日本的財政「完全不糟糕」

探討增稅的對錯與否，一定要試著思考一個問題，**「說起來，幾乎算是強迫國民承受新痛苦的日本財政狀況，真的很糟糕嗎？」**

從結論來說，答案是**「完全不糟糕」**。

這樣說，一定會有人表示：「在國家債務越來越多、非常辛苦的時期，這完全不合情理。」但是，這是很大的誤解，更進一步地說，這就是「銘印現象」＊。

利用「平成26年度合併資產負債表」（Balance sheet）（圖33）來觀察一下日本的財政狀況。資產負債表的右側內容是「負債」，左側則是「資產」。在右邊欄位

＊動物的特殊學習行為，動物在剛出生時，對一些刺激感覺特別敏銳，因而對該刺激產生特殊的偏好。

圖33　日本的資產負債表

合併資產負債表（單位：兆日圓）

〈資產類〉		〈負債類〉	
現金、存款	73	應付帳款等	18.4
有價證券	348.5	政府短期證券	96.5
存貨	5.3	公債	716.0
應收帳款等	13.8	獨立行政法人等債券	49.0
貸款	184.1	借款	36.0
呆帳準備金等	▲4.0	委託保管金	4.0
有形固定資產	268.1	郵政存款	175.7
無形度定資產	1.2	責任準備金	103.3
投資	15.9	公共年金代收款	117.3
應收承兌票款與應收保證款項等	2.9	退休福利準備金等	13.8
		保證與承兌等	2.9
其他資產	23.3	其他負債	38.5
		負債合計	1371.5
		資產負債差額	▲439.4
資產合計	932.1	負債及資產負債差額合計	932.1

資料：日本財務部／平成26年度（2014年4月1日～2015年3月31日）

的下方，是從資產扣除負債的金額。總之，就是表示用資產來填補負債後，還留下439兆日圓的債務。

但是，這份資產負債表的資產中，沒有包含日本中央銀行（日銀）的部分。日銀可說是出色的「政府分公司」，所以包含在內一起考慮，比較能看到日本財政的實際狀況。

那麼，日銀的資產有多少？

在二〇一六年三月二十日這個時點，日銀持有的國債是353兆日圓。如果從前頁圖表的債務餘額439兆日圓扣除這個數字，大約是90兆日圓。

社會上有人吵著：「國家債務居然有1000兆日圓左右」，但是說真的，當作1000兆日圓的十分之一，也就是100兆日圓左右，才是比較正確的數字。

在這個時點，許多財政學者在主張增稅論時，所提出的「鉅額國家債務」的大前提就會崩壞。

而且，還有一個重點沒有記載在資產負債表上。那就是徵稅權，也就是稅收。

政府的稅金就像每個人的年收入一樣。雖然政府每年確實都會收到一定金額的稅金，卻沒有納入「資產」當中。但是稅金肯定也是政府的錢。尤其是日本這種先進國家的稅收，即使不特別增稅，也已經是一筆巨大金額。

如果當作是和債務抵銷，將現行稅收也納入資產，瞬間就能填補100兆日圓，不如說是還有盈餘的程度。

當然，債務不斷變多，達到即使加入確保未來稅收的徵稅權，也無法填補的程度，一旦債務超過資產，就會產生財政破產的風險。

但是，這種情況有多實際？

認為會破產的人吵著：「可能會立刻發生」，但以實際問題來看，債務超過資產那麼多的情況，是不實際的。

償還債務，一般首先會考慮變賣資產。

如果被債務壓得喘不過氣，即便是各位讀者，一開始應該都會將房子或車子等資產賣掉，拿來還錢吧。

但是，財政學者會提出：「單純變賣資產的話太隨便了」等意見，劈頭就低估那些大眾做得理所當然的事情，還打算完全忽視。

儘管日本其實有很充足的資產。

總之，就算他們說再多次：「增稅是必要的」，如果「日本處於財政困境」這個前提崩壞，應該就無話可說吧。

用一句話就能結束話題，那就是「請看資產負債表，你看，日本的財政完全不糟糕。」原本就不存在的問題，根本沒有必要去討論對策。

但是，以財務部而言，他們會想要保住這種面子，亦即「透過增稅徵收金錢，然後以自己的權限進行重新分配。」所以，財務部也會想要實施沒有用處的增稅政策。

總而言之，贊成提高消費稅的經濟學者，只不過是財務部所利用的棋子。始終想要增稅的財務部、對財務部很捧場的經濟學者，他們無論如何都好像是想要無視「日本有充足資產，沒有處於財政困境」的事實。

對於這樣的御用學者，和以他們的立場撰寫的新聞報導，是不能盲信的。

提高消費稅導致景氣惡化的真正理由

因為提高消費稅導致景氣惡化。

這件事在消費稅從5％提高到8％時，已經得到證實。

要說景氣為什麼變差？答案很簡單。

請大家回想前面說明過的，總需求的詳細內容。

「總需求＝消費＋投資＋政府支出＋（出口－進口）」。

要觀察是否因為增稅導致景氣惡化？就要注意總需求的發展。也就是說，增稅後，總需求的每一個要素是如何變動？這就是重點所在。

首先，「消費」降低。

當消費稅從5％提高到8％，代表從前用1050日圓購買的東西，會變成1080日圓，消費者會控制購買也是理所當然的吧。

投資和消費稅不太有關聯，總之就先視為沒有變化。

政府支出會提高。因為增稅的緣故，政府收入會增加，一部分會運用在債務償還，但是剩下的會投資於政府支出。

而出口應該也不太有變化，但是進口很可能降低。

進口品也會課徵消費稅，售價提高之下，可以預想進口品的銷售量會下降。但是，淨出口也和匯率變動有關，所以在此先不管這個部分。

若是這樣，**明顯的變化就是消費降低，政府支出提高這一點。**

要說哪一邊的影響比較大，很明顯地就是消費下降。

雖說政府支出提高，但是增稅的部分並非全都有效率地轉移到政府支出上。

在此一定要事先納入浪費的情況。而且稅金是強制徵收，會給消費心理帶來巨大影響，所以也有波及性的不良影響。

圖34　提高消費稅導致景氣惡化

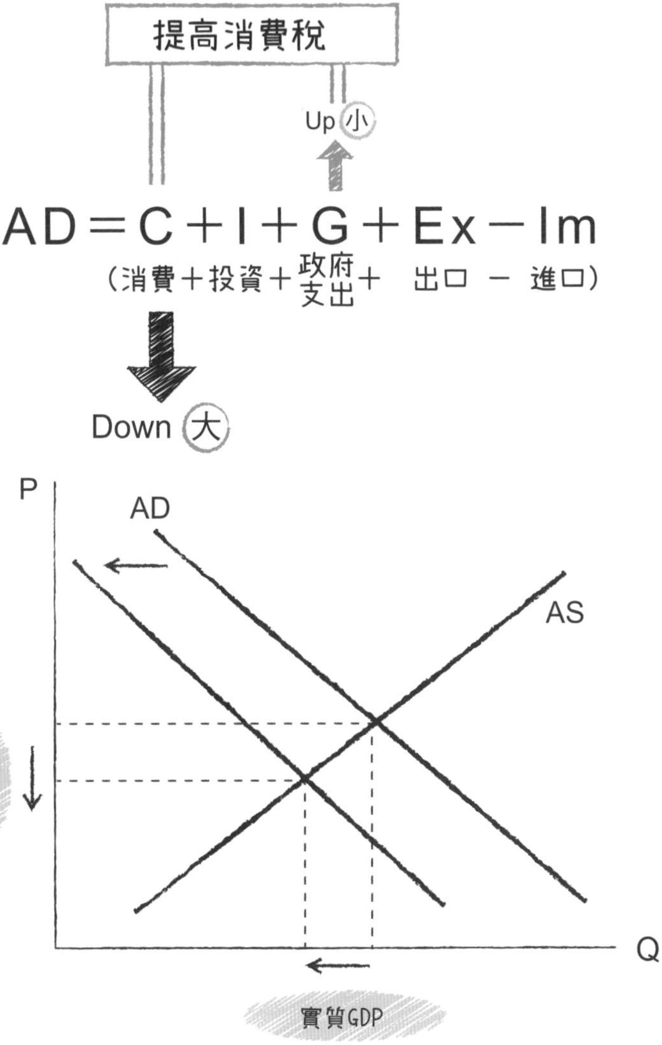

所以，如果提高消費稅，就會如【圖34】那樣，總需求曲線會往左移動。物價下跌，實質GDP會下跌。這就是增稅導致景氣惡化的結構。

思考過後就會覺得這是非常簡單的內容，大家覺得如何？

所以，我反對無視景氣動向而進行的增稅。

若是景氣過熱太嚴重，使總需求曲線往右移動，也必須透過增稅從民間徵收金錢，使總需求曲線往左移動，讓通貨膨脹的情況稍微冷卻下來。

但是，**大部分的情況，增稅只會阻礙我們的富足生活。**

當然，如果減稅，會發生和之前所說明完全相反的情況。

但是在日本，減稅這件事，以政治面來說還是看得困難點比較好。雖然在國外是常有的事情，可是在日本，將調漲的稅金再調降回來，尤其是消費稅，是從未有過的例子。

所以，大部分會另外採取「將增稅所奪取的部分，透過財政支出歸還民間」的作法。財務部會透過這種作法保住權限。

稍微思考一下，政府奪取金錢，再巧妙使用那些錢的作法，還是令我覺得很討厭。政府有那麼聰明嗎？

為什麼自由貿易是個不錯的政策？
透過供需曲線就能搞懂

「財政政策」是指日本政府推動國內經濟的政策。這個手法，應該能讓大家理解稅制改革和控制政府支出的情況。

如果能理解這種政策的任務，大概也會明白對於日本經濟今後的變化，日本政府應該採取哪一種必要措施才好。

舉例來說，**對於TPP（跨太平洋夥伴協定，Trans-Pacific Partnership）這個措施，大家提出的評價有正面也有負面的。**

但是，這也會**根據財政政策作法的不同，使正面評價更大、負面評價更小，能讓大眾都得到好處。**

首先，試著觀察需求供給圖，來認識TPP吧。

「TPP」，簡言之，**就是排除關稅障礙，振興加盟國之間的貿易措施。**

由於無法一一審視關稅的單一品項，所以在此掌握整體部分，**試著描繪「國內供給」和「國內供給＋來自國外的供給」這兩條供給曲線。**（以日本為例）

相較於只有國內供給的部分，加上來自國外的供給，總供給量會增加是很正常的。所以假設**「國內供給」**是S_1，**「國內供給＋來自國外的供給」**是S_2。

首先，試著觀察國內供給曲線和過內需求曲線的關係。

大家還記得在前言出現過的，「消費者剩餘」和「供給者剩餘」的說明嗎？就是消費者想購買的價格之上限、供給者想販賣的價格之下限，和實際價格的差距所產生的，對雙方而言「有賺頭的部分」。

請大家觀察**【圖35】**。需求和供給會在E_1交叉，物價是P_1。

但是，在國內消費者當中，應該也有人覺得可以用比P_1還高的價格去購買。假設將這個上限設為A，**三角形P_1、A、E_1就是「消費者有賺頭的部分」＝「消費者剩餘」**。

相反地，在供給者當中，應該也有人覺得可以用比P_1還低的價格去販賣。

假設將這個下限設為B，**三角形P_1、B、E_1就是「供給者有賺頭的部分」＝「供給者剩餘」**。

那麼接下來，試著去觀察實施自由貿易後，供給曲線變成「國內供給＋來自國外的供給」的情況。

需求曲線和供給曲線會在E_2交叉，物價會下降到P_2。

若是這樣，採取和剛才一樣的觀念，消費者剩餘會變成三角形P_2、A、E_2。

另一方面，供給者剩餘會變成三角形P_2、C、E，但是這也包含國外供給者的部分。

若僅限國內供給者，自由貿易下的供給者剩餘只剩下三角形P_2、B、D這個部分，和剛才國內供給曲線時的供給者剩餘相比之下，會失去梯形P_1、P_2、D、E_1的

圖35　貿易自由化的經濟學

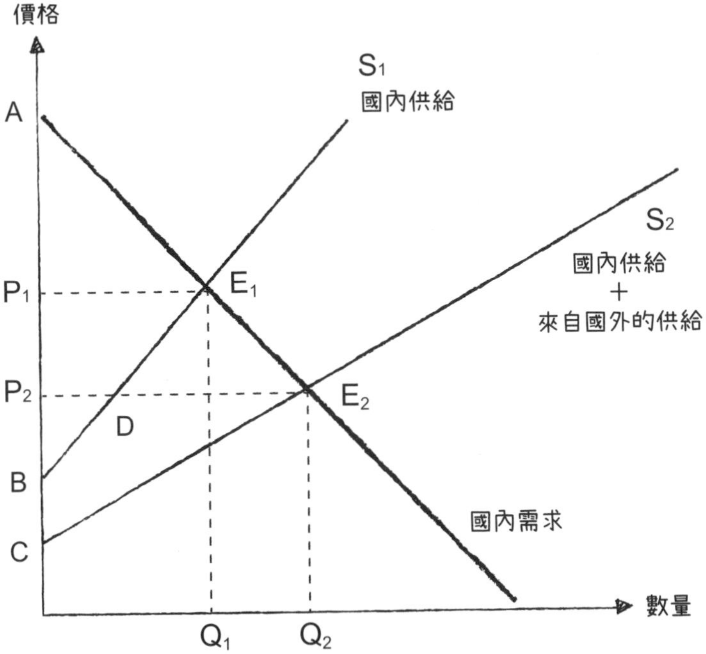

部分。

日本在反對TPP的人當中，似乎也有很多人看到這個失去的部分就主張：「國內供給者衰退。」

但是，請大家在此也稍微試著擴展視野去思考。

在自由貿易下的國內消費者剩餘的增加量＝梯形P_1、P_2、E_2、E_1，比在自由貿易下的國內供給者剩餘的減少量＝梯形P_1、P_2、D、E_1還要大。

在這個圖表上，這種情況並非偶然成形的。

如果變成自由貿易，消費者剩餘會增加，另一方面，供給者剩餘就會減少。這個是事實，**但是在經濟理論上，消費者剩餘的增加量，一定會超過供給者剩餘的減少量。**

而且，沒有消費者和供給者的分界線，以整個國家來思考，就會產生從國內消費者剩餘的增加量，扣除國內供給者剩餘的減少量的三角形D、E_2、E_1這個有賺頭的部分。

三角形D、E_2、E_1一定會產生。因此政府會試算這個三角形的大小會變多大。

那麼，這個TPP措施會和財政政策產生怎樣的關聯？

變成自由貿易後，就無法拒絕供給者剩餘減少的情況。

特定領域的個別供給者，極有可能陷入困境。

以整個國家來看，自由貿易即使有好處，身為政府，也不能放任不管那些煩惱生計的企業和個人發生的情況。

遇到這種情形，政府只要進行政府支出就足夠了。

政府只要使用前面三角形D、E_2、E_1這個在全日本獲得的利潤，對差點要陷入困境的供給者採取救濟措施即可。

具體上，**就是錢賺越多的人，繳交越多所得稅的作法**。

供給者這邊，當下只要一邊接受這個救濟措施，一邊思考轉行到能維持生計的領域等方法。

導入自由貿易後，有人賺錢也有人賠錢。

透過政府的指揮，使在此產生的差額趨近平緩，稱為**「所得再分配」**。這也是政府必須擔負的重要財政政策的一面。

順帶一提，也有必須在自由貿易下實施的貨幣政策。

如果變成日圓升值的情況，因為出口會停滯，所以日本在國外應該獲得的供給者剩餘就會受壓制。出現這個預兆時，日本中央銀行就必須採取貨幣寬鬆政策，調整成剛好是日圓貶值的情況。

Column

一定有大家都能活躍的領域

先前說過，因為自由貿易生計受到威脅的人，可以改行到其他領域。提到這種事情，好像就會引來「是叫我們要捨棄一直以來傾注心血從事的工作嗎？」這樣的批評，但是以實際問題來看，如果受到國外勢力的擠壓，消費者被搶走，那一切就完了。

即使持續勉強和競爭者對抗，也只是擴大傷口範圍而已。

這種說法好像會被指責：「相當冷酷無情」，但情況並非如此。**大家都有能夠戰勝他人的領域，只要找到這個領域，無論競爭對手再怎麼增加，也能做下去。**

重要的是看清狀況。

如果覺得現在的產業瀕臨危險，我只能告訴大家，最好還是趕快找到能夠更加活躍的領域。

這並非感情論事，而是名為**「相對優勢」**的經濟理論。

一般經常以「愛因斯坦和祕書」的例子來說明相對優勢。

假設愛因斯坦是一名優秀的研究者，同時也很擅長打字等事務工作。

但是，如果事務工作也全部一手包辦，研究效率會降低。所以，事務工作交給祕書，自己埋頭研究會較有利。即使愛因斯坦不僅是事務工作，連家事都很擅長，最好還是把家事外包給專門的家庭幫傭，自己埋頭研究。

此時，愛因斯坦專心研究、祕書專心做事務工作、家庭幫傭專心做家事，就能完成所有工作。

這種情況就稱為「相對優勢」。**每個人將自己擅長領域專業化，就能享受彼此的價值。換言之，就是在整個市場施行「分工體制」，社會就能更加發展的觀點。**

這個相對優勢，經常在自由貿易的話題中作為例證。

也就是說，各國在自己擅長的財貨和服務的生產上進行專業化，互相自由供給，以結果來看，全世界的生產力就會提升。

同樣地，在一國之內，每個人只要找到自己比其他人表現更優良的領域，大家就能各自活躍，不用擔心失業問題。

雖說是比其他人表現還要優良的領域，但也不必是「絕對優勢」。這是關鍵、有救的重點。

愛因斯坦的祕書，說不定事務工作能力還不如愛因斯坦。

家庭幫傭的家事能力說不定比愛因斯坦還要差。

即使如此，愛因斯坦為了專心研究，還是必須將事務工作交給祕書，將家事交給家庭幫傭。

祕書和家庭幫傭在事務工作和家事上，和他人相比也絕對無法說是很擅長，但算是比較擅長的，所以從事那份工作。

自己擅長的領域，想必人人都有。

所以，請趕快找到這個領域吧。為了找到個人的活躍領域，不需要拘泥於現在的工作，開闊視野，試著在各種事物上進行挑戰。

結語

透過
「自己的頭腦」去思考！

能夠發揮作用的才能稱為知識

在本書中，我從頭到尾只用「需求供給圖」來說明經濟學。

我一心所想的，**總之就是想將大家覺得「困難」、「不懂」而容易敬而遠之的經濟內容，變得更容易理解**。

假如你連利率有關的基本知識都缺乏，一開始為了理解這些詞彙，可能多少會有受挫的地方。

但是，只要搞懂意思，就能實際感受到**「經濟學基礎」就是如此簡單**。

市面上有很多所謂的「教科書式經濟學入門書」。

按照以前的理論去說明，其實撰寫者會比較輕鬆。因為會聚焦於本質，而且省去要使難題變得簡單易懂的說明工夫。

但是，若這樣做，就無法扮演適合一般大眾使用的書籍角色。**對大多數的人而言，「有很多必須記下來的東西」，應該很痛苦吧。**更不用說，**假如全是「其實不用記下來的東西」，那就是白費工夫。**

雖然一直講這句話，但知識就是要在思考現實社會所發生的事情時，發揮它的作用，才會有價值。

即使一直不斷地說明經濟學理論，聆聽說明的人無法使用這個知識自己思考的話，就完全沒有意義。

這一點也如同之前說過的，**派得上用場的知識，就是一般人可能擁有的「最大武器」**。在本書中，我打算**介紹的，就是大家都能使用的武器。**

「因為不懂，乾脆不去思考」，請擺脫這種想法

我曾在美國的普林斯頓大學教過經濟。

和日本大學不同的是，學生經常要求我提出具體實例。

一旦說明某個理論，學生就會接連不斷地拋出問題「那麼利用這個理論，要分析最近這個經濟動向，會變成怎樣？」帶著經濟相關報導來提問的學生也很多。

想要回答並不容易。

但同時也深感佩服，會想到「他們是以這種方式，將經濟學理論作為能實際運用的知識來掌握啊。」或是「這樣一來，人民言之有物，學者也不會對政府唯命是從。」

另一方面，在日本若從經濟學教科書來看，大多缺乏具體實例。

這樣一來，無論是多麼具有熱忱的優秀學生，想要讓理論昇華，成為能派上用場的知識，也是相當困難的吧，我甚至很同情他們。

在我所學習過的各種經濟學理論中，需求供給圖是最簡單、而且通用性很高的東西。

所以，可以馬上套用在本書所採用的那種具體實例上，甚至能更加廣泛地適用於其他範圍。

使用這樣一個圖表去觀察大量具體實例，可以說**就會獲得真的能派上用場的知識，運用自己的頭腦去思考。**

被那些根據官員情況而發言的經濟學者，以及銀行是贊助商的全國性報紙所說的花言巧語欺騙，無意中便隨波逐流地支持該政治家，這無非等同於停止思考。

「因為不懂，所以不去思考。」

「不去思考，所以隨波逐流。」

請停止這種想法。

就像我常說的那句話一樣，「事實是非常簡單的。」

將知識作為自己的東西，試著坦率審視社會上的情況，之後就一定能運用自己的頭腦去思考。

主動掌握分析力、預測力，解讀市場

化學家會預測物質和物質之間的化學反應，在實驗室做實驗。

經濟學者會觀察現實社會，分析經濟動向等情況，再進行預測，但他們沒有能夠進行檢驗的實驗室。要確認這個預測是否吻合，同樣也是必須觀察現實社會，才能做到。

在這種意義上，**經濟學的領域，可說是現在正在眼前變化的現實社會。**

經濟學者當中，有人會提出：「預測不是我的工作」這類的意見，卻會讓人想要詢問：「這樣你做為經濟學者的存在意義，到底是什麼？」

再次申明，**即使有再多知識，無法實際運用，跟什麼都不知道是一樣的。**

尤其是以現實社會為領域的經濟學者，擁有、分析知識，確實進行預測，才有活在這個世界上的意義。

儘管如此，只要經濟學者放棄分析、預測現實社會，就會突然失去存在價值。即使不放棄，如果分析和預測連續好幾次都失準，這個人身為學者就是無能的。

所以我會說：**「經濟學者的『打擊率』就是一切」**。

某個政治家說想要聽聽我的看法，而那個理由只有一個，因為我的預測會命中。我甚至明確表示如果沒有命中，就沒有聽我說話的意義，而該名政治家覺得這樣就夠了。

這種情況，並非只出現在經濟學者身上。

和化學實驗不同，以現實社會為領域的經濟學，不需要大規模的裝置，也不需要特殊物質。**要使用的只有自己的頭腦和過去的資料**。

越是掌握能派得上用場的知識，每個人就越能將現實社會拿來作為試驗自己思考力的實驗場所。

在本書中，我一直提到這個觀點：**「經濟學有九成可以透過需求和供給來理解」**。

是否能夠理解剩下的一成，就是經濟門外漢和專家的差別，而這個差別，其實相當重要。想要補強不足的部份，必須更進一步學習，也要累積經驗。

即使如此，恐怕那些原本等於零的東西，都已經能理解九成。

我認為**這是非常大的進步**。

本書所討論的內容，是非常基礎的。

接下來，**希望大家不斷地運用自己的頭腦去思考，掌握自己的分析力、預測力，試著以自己的觀點，去解讀市場上的各種情況**。

我衷心盼望願意這樣嘗試的人能多多增加。

國家圖書館出版品預行編目(CIP)資料

懶人圖解經濟學：一張圖秒懂世界經濟脈絡 / 高橋洋一著；邱顯惠譯. -- 初版. -- 新北市：世茂, 2019.10
面； 公分. -- (銷售顧問金典；106)
ISBN 978-957-8799-99-8(平裝)

1.經濟學

550 108013245

銷售顧問金典
106

懶人圖解
經濟學

一張圖秒懂世界經濟脈絡

作　　者　高橋洋一
譯　　者　邱顯惠
主　　編　楊鈺儀
責任編輯　李芸
封面設計　LEE
出 版 者　世茂出版有限公司
地　　址　（231）新北市新店區民生路19號5樓
電　　話　（02）2218-3277
傳　　真　（02）2218-3239（訂書專線）（02）2218-7539
劃撥帳號　19911841
戶　　名　世茂出版有限公司
世茂網站　www.coolbooks.com.tw
排版製版　辰皓國際出版製作有限公司
印　　刷　傳興彩色印刷有限公司
初版一刷　2019年10月

I S B N　978-957-8799-99-8
定　　價　300元